新しい図書館―市民のネットワーク―

英国図書館情報委員会情報技術ワーキング・グループ 著

永田治樹
小林真理・佐藤義則・増田元 訳

日本図書館協会

新しい図書館 : 市民のネットワーク ／ 英国図書館情報委員会情報技術ワーキング・グループ著 ； 永田治樹 [ほか] 訳. ― 東京 : 日本図書館協会, 2001. ― 131p ; 30cm. ― 原書名:New Library: The People's Network. ― ISBN4-8204-0113-0

t1. アタラシイ トショカン a1. エイコク トショカン ジョウホウ イインカイ (Library and Information Commission) a2. ナガタ, ハルキ
s1. 図書館（公共）―イギリス s2. 図書館計画 s3. 図書館行政 ①016.233

新しい図書館―市民のネットワーク―

英国図書館情報委員会情報技術ワーキング・グループ 著
永田治樹
小林真理・佐藤義則・増田元 訳

1	英国には、4759の公共図書館が存在する。うち693は移動図書館で、これに加えて、病院、刑務所、老人ホームなどに1万9136カ所のサービスポイントがある。
2	公共図書館サービスには、1億2961万2000冊の図書が備えられており、書架の長さにすると3600km、つまりスコットランドの先端のジョン・オグローツからコーンウォールのランズ・エンドにいたる距離の2.5倍となり、英国の高速道路の全長3149kmに匹敵する。
3	人口の58%、つまり英国総人口5838万8000人のうち3386万5000人が図書館に登録しており、1995年度には延べ3億7700万人の利用があった。
4	フットボールの観客動員数を引き合いに出せば、英国では1995年から96年にかけてのシーズンにプロ・リーグの試合入場者数は3300万だった。
5	1000万の人々が、少なくとも2週間に1回は、定期的に図書館を使っている。
6	英国の人々に人気の気晴らしの第5位が、図書館に出かけることである。ちなみに、第1位はパブに行くことで、それ以下は順に、レストランでの食事、ドライブ、ファースト・フード・レストランに行くことである。

出典：ラフバラ大学図書館情報統計ユニット、イングランド・フットボール協会、ウェールズ・フットボール協会、スコットランド・フットボール協会、アイルランド・フットボール協会、ヘンレイ・センター（『ソーシャル・トレンズ』1996）

もし英国の公共図書館が、新たな電子情報の世界と印刷物で伝えられていることばや歴史との間の橋渡しをせず、だれもがしないことになったら、われわれは文化や引き継ぐべき遺産、そして教育を喪失する恐れがある。　　　　　　　　　　　　　　　―フランシス・ヘンドリクス

New Library : The People's Network.
Copyright ©2000 by Resource: The Council for Museums and Archives and Libraries, United Kingdom.
Translated by Haruki Nagata, Mari Kobayashi, Yoshinori Satoh and Hajime Masuda.
First Published 2001 in Japan by Japan Library Association.
Japanese translation is arranged by Resource.

本報告書は、図書館情報委員会（2000年3月から、博物館・文書館・図書館委員会と改称）情報技術ワーキング・グループが作成し、1997年に英国図書館・情報ネットワーキング事務所(UKOLN)のウェブ・サイトに搭載・公表されたものである。ウェブ・サイトのURLは次のとおりである。
http://www.ukon.ac.uk/services/lic/newlibrary/
また、本報告書は、同委員会から、色刷りの美しい挿図入り図書としても刊行されている。

［訳者注］ここに訳出したものは、著作権取得の関係で、前付けのテッド・ヒューズの詩と後付けのディビッド・ジョン・プリチャードの詩を含まない。ちなみに、ヒューズの"HEAR IT AGAIN"は、歴史を通して図書館が保持してきた、人々の記憶という価値を改めて確認すべきだという、この報告書にふさわしい内容である。また、ウェールズ語によるプリチャードの"Cofiannau"は、「書誌」を意味しており、その内容は、「人が洞窟に住んでいた頃から、人は自分を、最初は洞窟の壁に簡単な絵でもって、表現する必要性を感じていた。そして自分の前にいた人について知ろうといつも望んでいた。そうした欲望は残っている。ただ、技術だけが変わってきたのだ」と解説にある。上記のウェブ・サイトからダウンロードし、原詩を味わっていただきたい。

「新しい図書館―市民のネットワーク―」について

永田治樹

　マシュー・エバンズが率いる図書館情報委員会（1995年に設置された、図書館情報サービスに関する政府の委員会）情報技術ワーキング・グループが作成した『新しい図書館―市民のネットワーク―』は、英国の優れた行動計画である。近年の社会変化や情報技術がもたらした市民ニーズの変容を的確に捉え、公共図書館がその期待に応えられるように策定されている。これにみる技術的な解決策などは公共図書館界の外ではすでに実施に移されているものだが、優れたビジョンを実績のある内容で肉づけしたのであり、期を画するものであることは間違いない。

　とはいえ、問題はその実現である。計画期限の2002年末は、それほど先のことではない。「それまでにしなくてはならないことがいくらもある」といったあせりの声も聞かれるようになり、目下それぞれの部署でさまざまな努力が重ねられている。そこで『新しい図書館―市民のネットワーク―』について、情報技術ワーキング・グループの持っていた状況認識と、計画にもられた三つのストランド（構成要素）を紹介し、このプロジェクトが現在どのあたりまできているかについて述べておこう。

　1995年から1996年にかけて英国と米国において公共図書館のインターネット接続調査が行われた。その結果は、ワーキング・グループにとってもきわめてショッキングなものであった。これらの調査にそれぞれ関わった、セアラ・オームズ（英国図書館情報ネットワーキング事務所、情報技術ワーキング・グループ支援メンバー）とチャールズ・R.マクルーア（シラキューズ大学）の共同分析には次のようにある。

　インターネット接続状況は、米国の公共図書館では45％であったのに、英国では3％であった。そのうちインターネット・サービスが利用者に提供されている図書館は、米国は28％であったが、英国はわずか1％程度だった。いいかえれば、市民が図書館でインターネットを利用できる可能性は、米国では市民が訪れるおよそ4館のうちで1館だったのに対して、英国では100館で1館だということになる。そして、大西洋をはさんだ両国にこのような大きい格差が生じた原因としては2点が指摘される。

　1）米国政府は1993年にNII（National Information Infrastructure）構想により情報システム相互のネットワーク化の指針を設定し、それに向けてとくに民間セクターの活動を鼓舞した結果、公共図書館のインターネット接続が進展した。しかし、英国では、米国におけるような推進活動やインターネット・サービスの振興策は展開されなかった。

　2）インターネット接続はこの段階ではダイアル・アップ方式に大きく依存しており、接続料金が重大な意味を持った。米国では比較的安い定額の料金で常時接続が確保できるのに対し、英国においては、電話料金は秒ごとに加算され長時間使えば高額な経費が必要だ

った。米国の多くの公共図書館に財源問題がなかったのではないが、英国ではこうした通信料金体系は図書館の財政を圧迫するものであり、インターネット接続の大きな障害になった。

さらに、公共図書館のインターネット・サービスの内容はというと、実は英国よりもずっと進んでいた米国の公共図書館ですら多くの場合、インターネット接続を提供するだけであった。情報資源を提供している場合でも、従来印刷体だったものをデータベースに代替したもので、利用者に対する十分な利用支援が行われてはいなかった。つまり、公共図書館のインターネット・サービスは、この時点では両国ともに決して充実してはいなかった。

ワーキング・グループは、この調査結果(以下「95/96調査結果」)と、来るべき情報化社会への展望(付録1)やこれまで図書館が果たしてきた役割(第2章、付録2)を踏まえ、図書館は今後ますます欠かせなくなる知識・情報を市民に提供する基盤組織であると位置付け、「新しい図書館」は、次の三つのストランド(より糸)によって編まれるものであるとしたのである。

第1のストランドは、「コンテンツが王様である」("Content is King!")というように情報資源である。図書館が提供するのは情報技術ではなく、情報そのものである。したがって、利用者からどのような情報が求められているかが、「新しい図書館」を考える手がかりであり、図書館には、①教育と生涯学習、②市民の情報と社会参加のための機能、③企業とその経済活動、訓練と雇用、④コミュニティの歴史とアイデンティティ、⑤国立電子図書館、という五つのコンテンツの領域があるとする(第1章)。95/96調査結果において、はなはだ曖昧だった公共図書館のインターネット・サービスのあり方がこれによって方向づけられているといってよい。

かくして、デジタル・コレクションや電子的なリモート・アクセスによるサービスが形成されていこう。しかし、図書館職員はこれまでに身につけた技能だけではこの新たな展開に対応し得ない。95/96調査結果で明らかにされた利用支援の不足は、図書館員の技能もその一因であったろう。こうした状況を打開するために、図書館員に情報技能の習得やコンテンツの理解能力向上が求められる。そこで、英国の公共図書館に働く2万7000人の全職員を対象にした、新しい情報技能習得に関する再訓練計画が第2のストランドである(第3章)。

第3のストランドは、公共図書館ネットワークの構築である。ネットワーク自体は最終目的ではないが、それが確保されなくては、「新しい図書館」構想は画餅でしかなく現実性を帯びてこない。またいうまでもなく、95/96調査結果にみた米国との格差解消もこの大きなモメントであったろう。ここで設定された対応策は、2002年までにすべての公共図書館を情報スーパーハイウェイにつなぐというものである。具体的には、英国全体のバックボーンの形成と各図書館行政体(library authority: カウンティなどを単位として地域ごとに設定されている公共図書館のための行政組織、最大で100館までを運営する。「図書館行政庁」と訳されることもある)ネットワーク構築という重層的な設計であった。そして、バックボーンの構築に関しては、それに責任をもつ組織(公共図書館ネットワーク機構)の設置が提案された。この設計は、新しい通信技術を活用し、私的セクターの活動を取り入れた実行計画となっているとはいえ、統合学術ネットワークJANET(Joint Academic Network: 大学[図書館]など学術研究機関をつないでいる)と同様の、英国流の手法である(第4章)。ちなみに、わが国の情報ネットワーク環

境はオームズらの分析した英国の状況に類似しており、かつこれまでの学術ネットワーク構築の政策手法も似ている。

　さて、『新しい図書館―市民のネットワーク―』が図書館情報委員会から1997年6月に刊行されたあと、この計画はその後にどのように扱われ、またこれによって事態はどのように進展しているのだろうか。
　『新しい図書館―市民のネットワーク―』に対する政府の対応は肯定的ではあった。しかし新機会基金（New Opportunity Fund：宝くじ収益による基金）による既定のもの（コンテンツに5000万ポンド、訓練に2000万ポンド）を除き、新たな追加資金の表明はなかった。ただ、実施に向けてさらに具体的な計画提案が要請された。図書館情報委員会はそれに応えてネットワーク実現委員会を設け作成した『新しい図書館ネットワークの構築』（"Building the New Library Network."）という報告書を1998年11月に政府に提出した。
　この2番目の報告書は、「市民のネットワーク」のコンテンツ、訓練、そしてネットワーク・インフラストラクチャーという三つのストランドをさらにつめたものであり、同時にネットワークを構築するには資金不足が想定されると指摘していた。政府は改めてこの計画へのバックアップを表明するとともに、財政的な支援として宝くじ収益からさらに4億ポンドを新機会基金経由で提供することを決めた。その後、これが「生涯学習へのコミュニティ・アクセス」（Community Access to Lifelong Learning: CALL）計画に措置された2億ポンドの原資である。
　このように状況は少しずつ動き始め、OFTEL（Office for telecommunication：電気通信庁）による、公共図書館のインターネット接続料金の値下げもあり、2年前には5％に満たなかった英国の公共図書館のネットワーク接続が1999年には43％まで上昇した。また、二番目の報告書で提言された公共図書館ネットワークを構築するために、プロジェクト組織「市民のネットワーク・チーム」の人選が始められ、ディレクターにはクロイドンで余暇サービスを担当していたクリス・バットが選ばれるとともに、「市民のネットワーク・オンライン」というウェブ・サイトが設置された。
　このウェブ・サイトには、①プロジェクトの概要、②プロジェクトのメンバー、③プロジェクトへの連絡方法、④ネットワークの進展状況、⑤グランド・ツアー、⑥FAQ、⑦リンクといったページがあり、三つのストランドへの助成活動を中心にプロジェクトの進捗や課題が掲載されている。
　（コンテンツの製作）「市民のネットワーク」や「全国学習網」を通じて利用者が無料で使えるコンテンツ製作のために、新機会基金は準備した5000万ポンドによりnof.digitise計画を1999年8月に発表した。助成の範囲は、①シティズンシップに関するコンテンツ、②コミュニティの遺産としての文化などのコンテンツ、③科学や保健やITなどの分野の情報に関するコンテンツである。コンテンツ製作の助成を受けようとする者（単独でもコンソーシアムで取り組んでもよい）には、別に設定した技術仕様に則り、かつ応募の審査基準（生涯学習、全国・地域的な関心、アクセス性の高さ等々）を考慮して、計画の策定・提出が求められる。すでに第1段階の助成は終わり、現在は第2段階の応募が締め切られたところである。ウェブ・ページの統計によれば共同のコンテンツ製作プロジェクトに8割近くの図書館行政体が携わっている。

（図書館職員の技能再訓練）図書館員が情報通信技術について理解し、それを活用する能力を備えるかどうかは、「市民のネットワーク」の成功を左右する鍵である。この第2のストランドのために、新機会基金が2000万ポンドを確保している。訓練の内容は、「ネット・ナビゲーター、情報技術ゲートキーパー、情報コンサルタント、情報マネジャー、インストラクター」などの役割を果たすための、コンピュータと情報の基本的技能である。各図書館行政体は訓練計画を立案し、助成を求めて応募する。1999年9月の第1ラウンドの応募締め切り以来、募集は継続的に行われている。この応募量は予想をはるかにこえる多さだったため、その審査の作業などに遅れをきたした（『LAレコード』にもその混乱の様子が紹介された）。しかしすでに、図書館行政体の約77％が計画を提出しており、第1ラウンドからの集計をみると、応募161件に対し、134件が承認されており、現在出ている50件近くのものも2001年2月から第3ラウンドにおいて取り上げられることになっている。

（ネットワークの構築）ネットワーク・インフラストラクチャーという第3のストランドについては、新機会基金が「生涯学習へのコミュニティ・アクセス」計画に2億ポンド拠出している中で、「市民のネットワーク」の構築のために1億ポンドを支出することになった。これは、「市民のネットワーク」利用のアクセスポイントとなる公共図書館のICT学習センターを広帯域ネットワーク（少なくとも2Mb）を使ってつなぐ計画である。応募は、2000年5月までに終えたPN1と2001年の早期に終了予定のPN2という2段階の手順をとる。PN1では、「市民のネットワーク」に対応する、各図書館で必要となるインフラストラクチャーの投資量（例えばターミナルの数など）を調査する。また、PN2はインフラストラクチャー所要額が算定されたとして、その助成を使って各図書館行政体はどのように計画を遂行するかを、技術、財務、運営などの点から審査する。PN2の第1ラウンドとして現在79件の計画が検討され、20件が承認済み、40件は詳細内容照会中である（ただし、イングランドとウェールズのみの集計）。この審査を通過するために、問題になる点は、帯域幅やビデオ会議などの技術仕様や、料金をなぜ課すのかといった運営問題、あるいは計画持続性などである。

これら「市民のネットワーク」の進捗状況をまとめた指標としては、"NETbase"のページに統計がある。2000年調査では、ネットワークにつながったサービスポイント（図書館や移動図書館など）の総数は、4828カ所にまで増加している。その結果、傘下にある少なくとも1ポイントで利用者がインターネットにアクセスできる図書館行政体の割合は95％、ただし、全部のポイントでアクセスできるのは32％となった。また無料でインターネット・アクセスを確保している図書館行政体の割合は54％で、ウェブ・サイトのあるのは84％である。さらにIT戦略を策定している図書館行政体の割合は85％あり、コンテンツ製作に共同で取り組んでいるのは78％、IT訓練を実施しているのは64％となっている（図書館行政体単位の集計であることに注意）。

ちなみに、わが国の現状の関連数字をいくつか示すと、インターネットによるオンライン情報検索サービスの実施館は139館（14.2％）で、インターネット情報のブラウザー利用機能の提供は126館（12.9％）、さらにインターネット上の電子資料サービスの実施館は39館（4％）であった（小林と私が2000年11月に全国の公共図書館1670館を対象に行った「図書館における電子情報サービスの現状について」調査、回答館976館（回答率約58％））。数年前に

はほとんど皆無であったのだから、わが国の公共図書館のインターネット・サービスは急速に進展しているといえようが、なお低い数字である。

　どのような構想も、多くの支持を得る行動計画と実際的な資金調達、それに望ましい執行が必要である。この「市民のネットワーク」は、「全国学習網」や「産業のための大学」「生涯学習のコミュニティ・アクセス」などより間口の広い政策目標にその行動計画を絡ませ多くのステークホルダーの賛同を獲得するとともに、資金調達に関しては種々の機会を活用し、さらに執行の場面では平等な公募や助成決定のプロセスの透明性が確保されている。われわれの状況を打開するためにも、こうした豊かな創意、実際的な計画性、そして偏りのない態勢整備が不可欠であろう。

参照文献
1) Ormes, Sarah and McClure, Charles R., *A Comparison of Public Library Internet Connectivity in the USA and UK.*　http://www.ukoln.ac.uk/publib/USAUK1/htm
2) United Kingdom. Department for Culture, Media and Sport, *New Library: the People's Network: The Government's Response : presented to Parliament by the Secretary of State for Culture, Media and Sport by Command of Her Majesty, April, 1998.* The Stationary Office, 1998. 12p.
3) Library and Information Commission, *Building the New Library Network : A Report to Government, 6th November 1998.* 134, 192 p.　http://www.lic.gov.uk/publications/policyreports/building/
4) 市民のネットワークのウェブ・サイト　http://www.peoplesnetwork.gov.uk/
5) 図書館情報委員会のウェブ・サイト　http://www.lic.gov/
6) The Library Association, *LA Record,* vol.101-102, 1999-2000.

ワーキング・グループ議長の覚え書き

　このレポートは、文化・メディア・スポーツ省により図書館情報委員を通じて付託されたものである。

　1997年4月24日のワーキング・グループの最初の会合で、次の世紀における公共図書館の役割全般にわたる大変魅力のある議論をした。図書が、人々の生活と文化において中心的な役割を今後も果たし続けるだろうという点で、意見の一致をみたし、また特に教育分野と参考調査の、そして政府や地域の情報に電子的なアクセスを可能にすることは、公共図書館の将来の活動にこれまでとは異なった役割を与えると、皆が認めていた。だからこそ、最初の段階から、特別に関心を向けるべき三つの領域が確定できたのだ。第1は消費者であり、新しい世紀に踏み入るに際し市民が公共図書館に何を期待するかである。第2はコンテンツ、すなわち公共図書館システムが実際に何を提供しようとするかだ。第3は、訓練、すなわち新しい時代の図書館で働く人々の技能再訓練である。この報告書にも述べたが、われわれが行った調査によってもこれら三つの課題の重要性が確認されている。

　ワーキング・グループは、政府から6月の終わりまでに成果を報告するように依頼され、ここにそれを成し遂げた。しかし、この勧告が理路整然としたものであるとはいえ、非常に厳しいスケジュールの中でこれを作成したのであり、きわめて重要ないくつかの個所については、これをもう少し詰める必要があると認識している。

　桂冠詩人である、英帝国勲爵子テッド・ヒューズが、この報告書のためにわれわれの図書館について詩作してくれた。われわれの謝意を表したい。

　　　　　　　　　　　　　　　　　　　　　　　　　　　マシュー・エバンズ　1997年6月

目次

「新しい図書館―市民のネットワーク―」について　5
ワーキング・グループ議長の覚え書き　10

まえがき　12

第1章	知識、構想力、学習へのアクセス	15
第2章	利用者の声を聴く	30
第3章	新しい図書館員の技能	38
第4章	ネットワークの基盤	48
第5章	投資と収入	66
第6章	著作権とライセンスに関する問題	78
第7章	パフォーマンス評価	87
第8章	実行：推進力の形成	91
第9章	勧告と経費	95

付録1. 国際的な展望　99
付録2. 図書館利用者に関する定性的調査　111
付録3. 謝辞　114
付録4. 付託事項　117
付録5. 用語集　119

訳者あとがき　127

索引　129

まえがき

ここ数年の間に、情報技術（IT）の進展により公共図書館には非常に大きな変化がもたらされよう。この革命的な変化のおかげで、質と量との両面で以前ではまったく夢想だにしなかったほど充実した情報や精緻な知識が、一般の人々にも手軽かつスピーディに入手できるようになる。情報アクセスを可能にする技術がどのようなものかを正確にいいあてることはできないが、政府は、それがなんであれ、公共図書館にとって中心的な役割を果たすだろうと予測している。［国民遺産省『未来を読む』1997］

情報スーパーハイウェイは、裕福な人々や都市生活者だけを益するものであってはならない。過去において図書が普通の人々にとって自らを豊かにする機会を与えてくれるものであったように、将来においてオンライン教育がよりよき未来に到達するルートとなろう。そこで、公共図書館で図書が利用できるのと同様に、すべての人が情報スーパーハイウェイの恩恵にあずかれるように公共図書館がそれにつながっていなければならない。これこそが機会均等を実現する好機である。［トニー・ブレア『新しい英国：若々しい国の私のビジョン』1996］

情報通信技術（ICT）の導入が、英国にとって19世紀の産業革命と同じくらい大きな、挑戦課題とチャンスを生む。とはいえ、多くの市民やコミュニティが情報化社会のもたらす要請に対応するには援助を必要とするだろう。情報通信ネットワークに個人がアクセスするには、費用が妨げとなろう。また、価格が下がり相応のシステムを自分のものにすることになっても、情報を扱うための技能習得や支援がすべての市民に必要であり、アクセスに要する知識という課題は残る。

公共図書館は、こうしたアクセスや支援を住民に提供し、必須の新しい技能の普及を促進する理想的な組織である。図書館は、従来から人口の半数を超える人々に使われてきたのだし、図書館員は、知識を探そうとする人々を援助するにはかれらに代わるものはないという評判をえているのだ。

この報告は、図書館の改革と、図書館が何を行うのかを論じる。すなわち、図書館に必要な設備の更新問題や、図書館職員が仲介者、ガイド、説明者、レフェラル・ポイントとして、さらに今では技術進歩の未来への道をならすといった広く認知されている役割を果たし続けることができるように、かれらの再訓練の問題をとりあげる。

●あしたの新しい図書館は、あらゆる年齢の人々が情報化社会において成功するための重要

な機能組織である。つまり、人々の職業技能の獲得や創造的な情報活用、そして生活の質の向上に寄与するものである。図書館は"産業のための大学"(University for Industry)や生涯学習プロジェクトにおいても、また自己啓発に取り組んでいるあらゆる個人を支援する際にも、中心的役割を果たすであろう。

- あしたの新しい図書館は、新たな全国教育システムの不可欠な構成要素となる。すなわち、"全国学習網"(National Grid for Learning)の一環として、学校と協力し、宿題クラブの活動を推進し、リテラシー獲得を支援し、そして子どもや学生が世界中の学習資源とやりとりするのを手伝う。

- あしたの新しい図書館は、何の前提条件なしにすべての人に開かれ、印刷資料もオンラインで入手する豊富な情報資源へのアクセスも、そこですべての人が利用できる。図書館は今後もあらゆる情報ニーズに応える第一の頼みであり続けるであろう。

- あしたの新しい図書館は、人々に引き続き生活のあらゆる面の情報を入手できるようにし、そしてまた大変大切な余暇や文化的な機会を提供する。他の施設やサービスが新しい技術を採用するときには、図書館は改革を進める先導的な姿勢をとり、コミュニティのハブ（中心）という位置を保つことが肝要である。

- あしたの新しい図書館は、人々を民主的プロセスにもっと十分に取り込むようにする。情報通信技術によって、人々が地方および中央の政府やヨーロッパ連合の情報とサービスに簡単にアクセスし、政府や地方議会の議員や国会議員と接触し交流できるようになる。新しい技術を備え、ネットワークで結ばれた図書館は、人々が生活に影響を与える意思決定の過程に参画する機会をずっと多く提供するであろう。

図書館は、変化を起こすための大変力強い組織である。すなわち、人々に責任を持ち、かつ人々から信頼され、教育、産業、政府、コミュニティと一体となっているものである。高度な仕様で構築される全英情報ネットワークが、図書館を通じて利用できるようになれば、政府が導入したほかのどのような対策よりも、人々に、とりわけ若い層に、情報通信技術を普及させるであろう。

これらの展開は、英国経済全体に利益をもたらす。それに、輸出の機会も考えることができる。とりわけソフトウェアやグラフィックスに関わる産業ではそうであろう。米国の経験によれば、シリコン・バレーで事業を次々に起こしてきたのは、比較的若い年齢の、強力なコンピュータに容易にアクセスできた人々であった。

技術が投入されて新装の活気づいた図書館は、以前とはまったく見違える場所となる。閲覧や調査のためのスペース、展示やイベントのための場所は残されるだろうが、双方向型の新たな学習のスペースができ、図書館に新しい使い方が生まれ、新しい利用者が現れる。また、情報化時代がもたらす機会を地理的な理由で逸している人々を引き寄せる手段が講じら

れれば、高性能通信の急速な普及によって、遠隔の田園地帯にある図書館も大きな都市の図書館と同じサービスを提供するようになる。

図書館員は現在持っている能力に、新しい技能を追加することになろう。図書館員は、ネットワークでつながった、デジタル情報の新しい世界に対する懸念をなくする手助けをし、人々が情報の海を航海するのを支援するのだ。

情報化社会の発展と英国公共図書館ネットワーク、すなわち市民のネットワークの導入によって、図書館サービス自体の変化が求められている。この報告書は、それら変化の性質を述べ、人々が地元の公共図書館において現在尊重している最善のものを維持するとともに、変化を起こす公共図書館ネットワーク機構の設置を提案する。

第1章 知識、構想力、学習へのアクセス

はじめに

1.1 　英国公共図書館ネットワークは、4200の図書館およびその他の関連施設を通じて、情報と学習のための資源を国中の人々に届けるという巨大な可能性を持つ。

1.2 　このネットワークを利用すれば、市民は図書館や、博物館や美術館それに報道機関、地方自治体や国、公益事業、ボランティア部門や民間部門のサービス提供組織と双方向で情報のやりとりができるようになる。さらに、コミュニティ内やコミュニティ相互の情報通信を行うこともできる。コミュニティは、地理的状況や共有する目的に応じて、地元だけの場合も世界中にわたる場合もある。

1.3 　人口の58％がすでに公共図書館を利用している。公共図書館は人々が情報を求めて最初に立ち寄る所であり、子どもや若者には正規の学習活動を補完する施設として広く利用されているし、知識を求める人々への支援活動の評判は無類によい。情報資源やサービス、そして人的な支援を求めて1開館日に約130万人が公共図書館を利用し、1000万人が頻繁に、少なくとも2週間に1度は、図書館を訪れる。図書館職員は毎年5000万件以上の、あらゆる種類の質問に答えている。

1.4 　情報化社会において、情報通信ネットワークをすべての市民が利用できるようにすることは、成功への原動力を生み出すために不可欠である。ネットワークで結ばれた図書館を通じて新しい技術を活用するために、次のことを優先すべきである。
　a. 子どもと成人のための教育と生涯学習の機会を充実すること
　b. 経済的繁栄を推進するために訓練、職業、企業を支援すること
　c. 政治的・文化的に洗練された社会を育むことにより、社会の結束を育成すること

1.5 　ネットワークが提供する新たな情報資源や便利さはさらに増大し、現在の公共図書館システムの利点と一体となって、いわば知識の発電所の磁心部分となろう。これにより、全世界の情報にも地元のものにも同じようにアクセスが可能になり、遠隔の地にある非常に小さな図書館も、大きな中央図書館と同じ範囲の、同じ詳しさの、そして同じ品質の情報を提供しうる。そのあらましについてコンテンツ（知識・構想力・学習のための資源）とサービス（提供される便宜と支援）の観点から、以下に述べる。

1.6 　ネットワークでつながった公共図書館に行きわたる、コンテンツとサービスの主たる構成内容は、次のものである。

a. 教育と生涯学習
b. 市民の情報と社会参加のための機能
c. 企業とその経済活動、訓練と職業
d. コミュニティの歴史とアイデンティティ
e. 国立電子図書館

1.7 この章およびレポート全体を通じて、デジタル時代の人々のニーズに適合する英国公共図書館ネットワークの持つ可能性を描いた一連のシナリオが挿入されている。これらのシナリオはフィクションではあるが、人々が支援を求めて図書館をしばしば訪れるときの状況や、英国内や世界の各地とネットワークで結ばれている図書館でのみ入手できる解決策を描いている。

教育と生涯学習

1.8 公共図書館は、生涯学習に参加しているすべての年齢層の人々に対し、情報やコンピュータシステムを提供することで、正規の教育を補う。それゆえに、公共図書館は全国学習網や産業のための大学にとって欠くことのできないものであり、ネットワーク化にあたってこのことは最優先で考慮すべきである。若者たちの学習を手助けすることも、公共図書館にとって大変重要な機能である。子どもや若者が基礎的な技能を獲得して、自分の知識ベースを構築し、情報探索と分析能力を身につけるよう支援することは、かれらの学校における正規の学習活動を補う。

1.9 放課後、安全で文化創造的な環境に、マルチメディア資料が豊富に備えられていれば、家庭で新技術を手にできない子どもも機会の不平等を乗り越えることができる。いくつかの調査によれば、子どもは小さいうちからさまざまな情報通信技術にうまく接すれば、教育的にも社会的にもその恩恵を受けることができる (Denham, 1997)。早い時期から図書館において自主的に学習することは、後年一人で学習するのに必要な技能を習得するとともに、より豊かな教育を増進する。

1.10 1995年の『子どもたちへの投資』という報告によれば、「公共図書館は図書ばかりでなく、さまざまなメディアによって子どもの情報へのニーズや要望に応えなくてはならない。情報は適切なメディアとフォーマットで提供すべきである。そのためにどんな技術が要求されようと（中略）、子どもたちはだんだんとコンピュータを駆使できるようになっており、図書館のコンピュータや情報を即座に自分で使いたいのだということを、[公共図書館は]認識しておく必要がある。」(LISC(E), 1995, pp. vii, 9)

1.11 しかしこの報告が引用する調査結果が示しているように、現在まで「英国の公共図書館は、コンピュータが学習や仕事やレクリエーションで必須のものとなった生活に若者たちを対応させる努力を、ほとんどしてこなかった。」(Lonsdale and Wheatley, 1992; LISC(E), 1995, p.62)

シナリオ1: ザイール、読むことを習う

　ザイール、男の子で5歳。おばあちゃんに連れられて近くの図書館に行く。学校で本を読むのも好きだけど、おばあちゃんのお話の方がもっと好き。聞かせてくれるのは、インドの子どもの話だ。

　図書館にはパンジャブ語と英語の両方書いてある絵本がたくさんある。タッチ・スクリーンのコンピュータでは、ほかの本の中身も見られるし、英語かパンジャブ語かも選べる。読み聞かせをしてくれる声は心地よくて、言葉当てやクイズも得意になった。

　この前読んだ本が面白かったから、コンピュータに大急ぎで感想を書いた。ほかの子がこの本を探すとぼくの感想が読める。妹がお気に入りの絵本のことをしゃべると、画面にしゃべった言葉が出てくる。

　毎週お話の時間にも来るけど、作者が読んでくれるお話のビデオは好きで毎回見ている。ニューカッスルの国立子ども図書センターのビデオだ。4歳の時読んだシャーリー・ヒューズのドガーっていう英雄のお話のビデオを見るのが好き。

　友達二人とやる特別のゲームは、コンピュータでお話を作るんだけど、結末を好きに変えられて、最後に印刷もできるんだ。言葉に詰まった時は、辞書も引けるし、ヒントに絵や動く映像も出てくるんだ。

　本を返しに行くと、図書館の人が面白そうな本をすすめてくれる。図書館の人は以前借りた本のリストや書いた感想を見ているから。自分で選ぶ方が好きだけど、それで本当に長ったらしい恐竜の本に挑戦してる。日曜の午後に返すと、図書館の人が恐竜の本のリストをくれた。恐竜ディリーの本を借りることにした。パンシャブの子なら絶対気に入るっていうから。図書館の人はおばあちゃんにも、恐竜ダイナマイトの展示が今週あるって教えてくれた。おばあちゃんは連れてってくれるって約束したよ。図書館のCD-ROMでも見られるんだって。

シナリオ2: スーザン、進路について考える

　14歳ですから、卒業したら何をしようか考えています。近くの図書館で適当な本を探してたら、キャリア情報についても教えてくれるみたい。コンピュータで"全国学習ネットワーク"(National Learning Network [訳注] http://national.learning.net.uk/) とかいうのを使って、エンジニアリング関係の仕事について調べられたの。12マイル先の職業案内センターの15分無料相談にも行ってみたし、あと30分は有料だからスマートカードを使って相談したわ。どんな資格が必要か、どこで学べるかがわかりました。

　リーズ大学が面白そうだったから、ウェブ・サイトを見てキャンパス・ツアーをしてみました。今いる学生たちの生活の様子も出てるわ。

　もちろん、年収とか職業動向とかも知りたかったので、企業情報担当の図書館の人が、地元企業をいくつか選ぶのを手伝ってくれて、4社選んで資料請求画面を埋めて出したの。企業からは給与表と求人状況がすぐに電子メールで来ました。だけど女でも、エンジニアリング関係で本当に働けるのかしら。機会均等委員会からの電子メールには統計データがあったから、プリントアウトしておきました。女の人もだんだん増えてきているみたい。

　図書館には就職関係のビデオ資料もあって、数人のエネルギッシュな女性が語る今のポジションを得るまでのビデオを見ました。それから、エンジニアリング関係の女性のための掲示板にも、学生料金で入ったの。

　UCAS ([訳注] 大学入学サービス Universities and Colleges Admissions Service http://www.ucas.ac.uk/) の申込書もオンラインで見たわ。受けるのはまだあと2、3年先だけど。

1.12	ネットワーク上の資源はまた、キャリアの支援であろうと個人的な興味であろうと、成人の個人的な学習機会を提供する。公共図書館は学校や大学と連携して、学習のための時間や場所に融通を利かせるようになるだろう。
1.13	学習への衝動は人間を特徴づける性質である。知識は力である。そして情報へのアクセスがすべての人に許されることは、民主主義における自由の証明である。また知識とは、発見であり、わくわくするものであり、そして個人的成長や自信となるものである。
1.14	サービスの現状を見ると、人々が日々図書館で求める情報のタイプには際限がない。いわゆる"土曜現象"で図書館に溢れかえる利用者は、自分のために、一心不乱に情報を探している。さまざまな年齢や背景の人々が、芸術や科学に対する多方面の興味を追求したり、家系上のずっと以前の事実を追いかけてみたり、最近の出来事に没頭したり、懸賞の答えを探したりしている。子どもは好きなことに夢中になり、またそのようになればなるほど、大人になっても同様に図書館で、生来の好奇心を巧みに満たすようになる。事項、統計、名称、住所、図版についての質問や、そして「メロディーを口ずさむから、曲の題名を教えて欲しい」などの質問で、1週間を通して電話は鳴り続ける。
1.15	情報化社会のデジタル通信は、何百万ページもの言葉や絵画に相当する、かつてない量の新たな情報資源をもたらすだろう。情報スーパーハイウェイへの入口としての図書館は、余暇のために調べたり、娯楽を見つけたり、さらには発見という個人的な充足感を体験するといった、新たな機会を提供するだろう。
1.16	公共図書館はネットワーク化され、図書館に存在する資料がより多くの人の利用に新たに開かれる。今は地元の人しか利用していない公共図書館の蔵書目録をリンクし、英国全体の図書館システムが構成される。こうして集められた豊かな情報資源が、どの図書館からも利用できるようになる。最終的には、目録がリクエストのシステムと結びつき、遠隔の利用者が必要な資料を探し、取り寄せることができるようになる。また、教育の制度（学校教育／継続教育／高等教育）をまたがる利用によって、自由学習や遠隔学習にはなくてはならない資源の融通が可能になるだろう。
1.17	このような豊富な資源によってコンピュータ上での発見が、すばらしい、そしてわくわくするような経験となるだろうが、多くの人にとっては、利用できるものにアクセスし、それを理解し評価するには、信頼でき説明してくれる仲介者が必要だろう。この支援をする図書館員がいれば、"市民の大学"（People's University）としての図書館の独特な役割は非常に高まる。
1.18	公共図書館の利用しやすさがネットワーク技術によって高められ、移動に制約のある人も新しい機会を見つけやすくなる。加えて、最新の研究を活用したシステムが開発されるにつれて、視力や聴力に障害のある人々の利用にも適合するサービスが可能になる。障害のある人も、そうでない人と同じように、探したり学んだりしたいと願っているのだ。情報化社会は

こうした人々を排除するものであってはならない。

| 1.19 | ここで考えられるコンテンツには、次のものがある。 |

　　　a. 全国カリキュラムに適合するマルチメディア学習資源
　　　b. 基本技能習得のための自己訓練パッケージ
　　　c. ネットワーク上の百科事典的なデータベース
　　　d. 余暇と学習に関する専門的な資源
　　　e. ワールド・ワイド・ウェブ（WWW）サイトへのアクセス
　　　f. ネットワーク上の電子雑誌
　　　g. デジタル化された、画像、映画、ビデオ、録音資料のコレクション
　　　h. 英国全体の公共図書館の目録
　　　i. 主要図書館のデジタル・コレクション

| 1.20 | 教育と生涯学習を支援するサービスには、次のものがある。 |

　　　a. 全国学習網へのアクセス
　　　b. 全世界の資源へのアクセスと、探索のための支援
　　　c. データベースの信頼性案内
　　　d. インターネット上の専門課題活動へのアクセスと参加
　　　e. 専門的な図書館やコレクションへのアクセスや、展示会への仮想訪問
　　　f. 教育・学習機会の情報と案内
　　　g. 教育機関とのやりとり
　　　h. 教育委員会へのアクセスと、学習のための奨学金や助成金、報奨金などの情報
　　　i. オンライン応募機能
　　　j. 学校や専門学校に関する教育基準局（Ofsted）の報告書
　　　k. 図書館ネットワークやネットワーク上の資源への、家庭・学校・職場からのアクセス

市民の情報と社会との関わり

| 1.21 | 英国公共図書館ネットワークはまた、市民コミュニケーションのゲートウェイ、すなわち、健全な民主主義と社会的結束を前進させるネットワーク社会につながる通路である。 |

| 1.22 | 最近、政治、法律、社会制度への幻滅が、シニシズムや人間疎外の雰囲気を生み出している。人々、特に若者たちは、自分たちの状況に無関係に見えるシステムからは距離を置こうとしている。地方と中央の行政機関や行政サービスについての情報を得るための、そして、特に行政機関などとの相互のやりとりを可能にするための、すべての市民に開かれたアクセスポイントとしての公共図書館ネットワークは、社会への帰属意識を促し社会参加への意欲を呼び覚ますのに役立つだろう。 |

| 1.23 | このネットワークは、いくつかの省庁や地方公共団体がすでに展開している、デジタル情報の製作や市民への対話型のサービスを推進するだろう。公共機関の多くは今やインターネットのウェブ・サイトを持っている。それらは、図書館ネットワークを使う増大する市民の期 |

待に応えるために、さらに発展していくだろう。

1.24 情報や文書のやりとりが人々と情報提供者との間で簡単にできれば、日常の行政・公共サービスがより速く効率的に処理でき、こまやかな対応を要する個々の問題も、市民と公務員とが対面して処理する時間的余裕が生まれる。例えば、『政府ダイレクト』(*government. direct* [訳注] 1996年に始まった英国政府のグリーンペーパーを電子的に配付するサービス)は全国に向けた中央政府の行政に関する"電子的"配布計画を発表しており、公共図書館はこの中で、アクセス・チャネルの一つとして位置づけられている。こうしたサービスには、徴税、免許付与、規則の施行などがある。

1.25 健全な社会なら、その中でも情報のやりとりがなくてはならない。英国公共図書館ネットワークは一般の人々が行政センターにアクセスできるようにするだけではなく、種々の任意団体や利益団体ともやりとりを可能にする。個人はより多くの情報を得られ、コミュニティの幅広い発展のための考えを進めることができよう。さらに、地方自治体はネットワークを使って、政策、計画立案、優先順位づけといった地元の問題について、関係住民の意見を聞くことができるのだ。

1.26 市民が公然と自由に政府と意見交換できるなら、民主主義は"成長した"と言うことができる。一般に"少数派"と見なされるグループも、ひっくるめれば多数派であり、少数派もしくは特別な関心を持つ人々のアクセスの改善に努めることによって、社会全体の生活の質は向上するだろう。

1.27 ここで考えられるコンテンツには、次のものがある。
 a. 地方公共団体のサービス情報、例えば教育、保健、福祉、社会事業、計画、余暇などの情報
 b. 地方公共団体の事業実績と予算配分の情報
 c. 地元の開発や地域開発の情報
 d. オンラインで利用できる政府刊行物や会議報告
 e. ヨーロッパ連合の行政組織、法令、および市民の権利についての情報
 f. 利益団体、行動団体、圧力団体およびボランティア団体についての情報
 g. 法令と法令関係出版物
 h. 政党についての情報、その政策と窓口

1.28 政府と市民を支援するためのサービスとしては、次のものがある。
 a. 国会議員や地方議員との相互のコミュニケーション
 b. 利益団体、行動団体、圧力団体とのコミュニケーション
 c. 市民の自主出版のための機能
 d. 定型的業務、例えば計画許可や運転免許の申請などの処理
 e. 遠隔民主主義、すなわち世論調査、電子投票
 f. 専門家の助言や相談機関へのアクセス

    g. ローカル・サービスの予約機能
    h. 会合や相談窓口の日程表へのアクセス

> **シナリオ3: リンダ、地域の意見を聞く**
>
> 　私は大きな農村地区の議員です。財政が逼迫しているので、いつも難しい判断に迫られています。
>
> 　先日から、人々との面接時間に地元の図書館を使っています。いつも人がいっぱいで驚かされます。電子メールも図書館で見ます。図書館の人は親切で、いろいろとすすめてくれています、新しい機械を怖がる年寄りには特にです。図書館を学校に移して予算を節約するのは実際的な考えだと思いますが、私に投票してくれた人たちはどう思うでしょう。
>
> 　図書館で地域のグループと会合をしたこともあります。遠慮会釈のない意見が出て大変ですが、たくさんの情報を得ることができます。図書館が私たちの提案のリーフレットを配ってくれ、インターネットで感想や意見を集めてくれるので、みんなが何を考えているかがつかめます。声の大きい少数派の意見だけじゃなく、地元の人たちの意見を大切にしたいんです。ほかの地域でもそうですが、複合施設はあまり使いたがらないでしょう。図書館長も関わってくれて、提案に対する地域の人からの質問に直接答えるために、ビデオ・リンクを使っています。図書館システムの中の「質問への回答」ファイルはいつも最新の状態になっているので、関心の深さを知ることができます。
>
> 　昨日、賛否両論を予め知らせておいた地元の人の、電子投票を実施しました。図書館と学校の複合施設計画を進めるつもりですが、私と同僚議員は予算削減のための土曜と日曜午後の閉館には反対することにしています。
>
> 　すべてがうまくいきました。正しい選択をしたという自負があります。厳しい選択でしたが皆が参加し了解できました。計画担当の同僚は感銘を受けていましたし、議長はこの手法を地域の他の主要な問題にも使いたいといっています。期待通りの支持は得られないかもしれませんが、少なくとも単に大きな声を聞くことに比べて、反応は信頼できるし広範囲からのものでしょう。

企業とその経済活動、訓練と職業

1.29 成功する企業は、情報を組織の資源として活用している。しかし、英国の大多数の企業は中小企業であり（英国企業の73％が従業員10人未満である）、これら中小企業と300万人の自営業者には、情報専門家を雇ったり市場調査や開発のために費用のかかるデータを買ったりする力はない。

1.30 商工会議所、企業開発機構、貿易協会などの支援機関は、できる限り成果を高めるためにネットワーク化を進めるだろう。1996年2月に始まった"企業のための実行計画"（Programme for Business）のねらいは、あらゆる部門の企業が情報通信技術の効果的・革新的な活用によって確実にその成果をあげることである。公共図書館、特に大都市の図書館には、企業活動を支える多様で大量の印刷資料がある。また、英国公共図書館ネットワークは、商業や貿易に関するデータベースによって、片田舎の小さな地元の図書館からでも、もっと多量の情報を利用できるようにする。情報通信技術は、英国の工業・商業・金融の企業への情報提供

や支援のためのもっと大きな協力を可能にする。

1.31 図書館は、これまではいつも学習のための情報資源として機能し、とりわけ職業技能の習得や更新のために重要な役割を果たしてきた。通商産業省の最近の報告によれば、英国企業の52％が従業員に対し情報通信技術の訓練は十分ではないと考えており、35％の企業はまったく訓練をしていないという。再就職プラン、技能育成、異なる職につくための技能再習得の一環として、英国公共図書館ネットワークは、政府後援職業訓練計画の下で一人で学ぶための情報や学習資源を提供する。

1.32 英国図書館ネットワークは、職業訓練や求人の情報も提供する。毎年、労働人口の5分の1に当たる約650万人が、雇用条件の何らかの変化を経験している。この状況では、ビジネス情報とは雇用情報である。

1.33 市民は消費者でもあり、したがって第一義的に国富を生み出す者である。消費者は、法令の情報や市場情報へのアクセスのみならず、製品とサービス、そしてその生産者について、早くて信頼できる情報を求めている。これらのいずれも、英国公共図書館ネットワークは提供する。"すべての人に情報技術を"（IT for All）計画は、個々の市民、特に成人を対象に、情報通信技術についての意識を高め、アクセス機会を提供し、情報通信技術に関する技能を持ってもらうことを目指している。

1.34 ここで考えられるコンテンツには、次のものがある。
 a. 会社情報、人事と所在地についてのデータベース
 b. 製品とサービスについてのデータベース
 c. 市場調査のための情報資源
 d. 重要な輸出入の法規や機会に関する情報
 e. 国とその市場についてのデータ
 f. 知的財産権、すなわち特許や意匠などについてのネットワーク情報資源
 g. 英国およびヨーロッパの法令情報
 h. 認定と資格についての情報
 i. 職業訓練の情報と案内
 j. 産業のための大学による学習パッケージと学習機会情報
 k. 消費者情報
 l. 中小企業向けの、特に行政機関との電子取引に関するもの

1.35 企業とその経済活動、訓練と職業の支援サービスには、次のものがある。
 a. オフィスや自宅からの、資源への双方向アクセス
 b. 専門的な情報源と専門技術の映像情報による利用
 c. 商工会議所や企業・地域開発庁、職業訓練・企業委員会（TECs:Training and Enterprise Councils［訳注］http://www.tec.co.uk）との連携
 d. 国内外の通商産業団体との結びつき

第1章 知識、構想力、学習へのアクセス

　　　e. 履歴書の準備と出願を支援する機能
　　　f. 地方・全国の消費者団体へのアクセス
　　　g. 環境行政や交易基準の担当者へのアクセス
　　　h. 情報と雇用条件と職業機会

シナリオ4: ジェームズ、事業を拡大する

　ジェームズ・グリーブス、47歳。30人を雇ってポンプ用の鋳物を作っている。事業を改善できるのではと思いついて、図書館に行き、もっと顧客を開拓し、また仕事の工程を改善するための情報を探した。

　図書館員は親切に、無料で使えるビジネス・リンク（Business Link）のことや、そこで事業評価をしてくれることを教えてくれた。アドバイザーとの約束を翌週にとりつけたが、自分でもすぐに始めてみたかった。

　"ビジネス・フィット"（Fit for Business）というBBCのオンライン自己評価プログラムはすごい。自分の強みと弱みをよくわからせてくれる。製品をもっと効果的に市場に出し、経営技術を高めて、海外へ販路を広げることが必要だと気づいた。BBC教育のウェブ・サイトにはBBC2学習ゾーンのビジネス・職業番組のことが出ていて、特に中小企業向けのものがある。ジェームズの会社がそうだ。

　ジェームズはBBC2の番組を試しにオンラインで見たが、自分と同じような経営者がいかに販路をつかみ、誰に相談したかを語るのを見聞きするのは大変参考になった。ジェームズは次にアゴラ（AGORA）というウェブ・サイトを見た。これは彼のやっているような事業をヨーロッパ中につなげるもので、英国ではBBCが調整に当たっており、彼の会社がつくる製品の顧客になりそうな会社の詳細がわかる。図書館員はジェームズに通商産業省のサイトを見るよう教えた。ヨーロッパに製品を輸出するのに必要な情報がわかる。翌週アドバイザーに会う時には、もっといろいろ尋ねてみようと思った。

　思っていたよりずっとたくさん学ぶことがある、とジェームズは知って、土曜の午後はいつも図書館に来るようになった。競争相手より優位に立つため最新情報を注視したり、BBCの新着情報データベースで役に立ちそうな計画進行中のものを見るためである。

シナリオ5: ペテル一家、コンピュータを使う

　ペテル氏はここ何年か、小さな新聞販売業兼スーパーを経営し、繁盛している。長時間営業し、品揃えも幅広く、小さいが固定客のいる周辺のオフィス・コミュニティ向けに、昼食用の弁当も置いている。もっと食べ物を売ろうと3年前に隣のビルを買ったが、店の上にはまだ空きスペースがあり、今は娘のエイミーが部品を購入してきて、通販のパソコンを組み立てている。

　エイミー・ペテルはパソコンの組み立てが好きだし、注文仕様のパソコンがビジネスになると考えていた。ペテル氏も、うまくいくかもしれないと思った。確かに近所にはコンピュータを売る店はない。だがペテル氏は新しい市場にまで手を広げるのは心配だった。パソコン販売のトレンドはどんなだろうか。注文仕立てのパソコンは出来合いのパソコンに比べてどれくらい売れるのか。どの種のパソコン販売が最も儲かるのか。パソコン・ショップはどこにどんな広告を出したらいいのか。

　孫を図書館に連れていった時、図書館のビジネス支援サービスが開催する半日入門コースのポスターが目についた。無料だし、店を休んで参加することにした。コースでは疑問だったことの

23

答がいくつも見つかったし、会員制の電話サービスがあり、それにオンラインの回答サービスや、産業のための大学を含む他の関連情報への簡便なゲートウェイがあることがわかった。彼が支払った会費には、国中のコースから選んだ、彼にぴったりなビジネス展開計画コースを設定する相談料も含まれている。

ペテル一家は事業計画の重大な局面で、店の上に計画中のパソコン・センターから何回か電話をし、情報を得ることができた。エイミーはパソコン上級技術、ダイレクトメールによるマーケティング、顧客管理、健康と安全などのコースを受講している。講習のほとんどは自宅で学んだが、学習サークルの授業のために図書館に行き、追加情報を得るのを楽しんでいる。ペテル一家にとって最も印象的だったのは、産業界で働く参加者のコースへの貢献である。

'パテック'は開店から6カ月が経ち、エイミー・ペテルは学生アルバイトを一人雇うまでになった。

コミュニティの歴史とアイデンティティ

1.36 図書館がコミュニティに関する知識の獲得やコミュニティ意識の向上を支援するのは、コミュニティ史の領域においてである。古文書、記録、地図、写真、映画を保管するという独特な慣習が、図書館を長らくそこに住む人々のアイデンティティとコミュニティの自己イメージの守護者たらしめてきた。

1.37 この種の資料の利用は、図書館でこれまでに伸張している分野である。地方史、特に多くの一次資料は、全国カリキュラムの一つの目玉でもある。学習は、祖父母の幼年時代に対する子どもたちの自然な興味から始まる。世界中に渡った移民の子孫であることや養子縁組の上育てられたことが、決まってかれらをルーツ探しに駆り立てる。全世界に広がるネットワークを活用すれば、マイノリティのコミュニティの人々に祖先の国へのアクセスを提供でき、かれらの知りたいという心の底からの自然な欲求を大いに満たすことができる。これは、人々が公共図書館を通じて、英国社会が文化的多様性を持ち世界文化を豊かに編んだものであることを、体験によってしだいに学んでいく一つのケースである。

1.38 特に地方史に関して図書館は、ユニークなコレクションを所蔵している。デジタル技術によって、ほとんど紙媒体であるこれらのコレクションを新しい媒体に変換することが可能になる。デジタル化することによって、資料はより広く利用されるようになり、何ものにも替え難い貴重な文書が安全に保存できる。

1.39 ここで考えられるコンテンツには、次のものがある。
a. 全国ネットワークに載せた、独自の地方コレクション
b. 出生、婚姻、死亡の記録などの古文書と地方紙をデジタル化したコレクション
c. 街路、村、町、市の地図と写真をデジタル化したコレクション
d. 世界の地方史図書館の目録
e. 公文書館の目録
f. 博物館や美術館の社会史の仮想展示への訪問

第1章 知識、構想力、学習へのアクセス

1.40 　コミュニティ史活動を支援するためのサービスには次のものがある。
　　　a. 専門の図書館員やアーキビストとの双方向の通信
　　　b. 系図学研究や家族史の、ネットワークを利用した学習パッケージ
　　　c. 系図学研究サービスへのアクセス
　　　d. 個人史・地方史の地域での出版
　　　e. コミュニティ史協会への連絡・加入機能
　　　f. 新聞への電子メール・リンク（共通の情報源として）

シナリオ6: ハリエット、過去を発見して、未来を考える

　ハリエット・ハードキャッスル、57歳。ラジオ5ライブで、大規模なミレニアム記念地方史プロジェクトのことを聴いた。自分の町が長年にわたっていかに発展し変化してきたかに興味を抱き、そして近くの図書館がそのプロジェクトの地域センターになると知った。

　図書館に着くと、図書館員はプロジェクトのことをよく知っていて、端末で見せてくれた。コンピュータに触るのは初めてだったが、すぐにやり方を覚えた。地図を眺め、写真でどう変化したか見て、町の最近の歴史を調べた。それから、写真を一つ選んで、ウェブ・カードにしてオーストラリアにいる娘に送った。学校の自主研究もあり、それはとても興味をそそった。それからいろいろな年代の人が町の暮らしの昔と今を語る録音を少し聞いてみた。

　コンピュータに3分間録音をするように勧められたが、次の時にしようと思った。まずはもっといろいろ調べたい。自分の名前を入力すると、町にゆかりのある他のハードキャッスル家のリストが画面に出てきた。第1次世界大戦で戦闘中に死んだ遠い親戚の名前もあった。

　本当に面白くなってきた。写真やBBCの大戦に関する番組記録フィルムなどや、文書館の原資料と組み合わせると、戦争が拡大する様子が跡づけられ、ハードキャッスル一等兵を死に追いやった状況もわかってきた。図書館の目録からは、大戦に関する特別コレクションが地元の大学にあり、公共図書館の利用者カードでも大学の図書館に入館して資料を見られることがわかった。

　家系を遡る番組を見ていて、地方家系史協会主催によるその週の初心者向け講習会に出られることを発見した。

　ハリエットは世界の出来事と地元に住む家族との関係に魅了され、第1次世界大戦関係の本を借り、コンピュータからプリントアウトしたものと、塹壕からの手紙のオーディオブックを持ち帰った。孫たちにも手伝わせることを思いついた。この20世紀オーラル・ヒストリーの記録保存の出だしは上々だろう。子どもたちはお話を聞くのが好きだし、何より本当の話なのだ。

国立電子図書館

1.41 　ネットワーク技術に固有の特性は、現実のものを仮想なものとして再構成して、それを保管場所から各図書館の最も広いコミュニティに、結局は本当に世界のどこへでも提供できることである。写真、貴重書、地図などの公共図書館の重要なコレクションは、博物館や美術館の類似のコレクションとともにデジタル変換され、オンライン・コレクションとして研究者のみならずすべての市民に利用され、文化的な自覚とアイデンティティを支える。

1.42 　画像と語りと背景的情報からなる、工夫に富んだマルチメディア展示は、地元の図書館の端末画面から見られ、"ただ歩き回る"のではなく"案内付きツアー"を誰にでも体験させてく

れる。公費でそろえたコレクションを納税者が直に使えるようにするという意味だけでなく、このようなデジタル技術によって視覚芸術とその利用促進の新たなアプローチも広がる。ネットワークを通じて世界中の鑑賞者に対して売り込めば、これは英国の文化遺産を世界中の人々に宣伝する卓越したマーケティングの手段となろうし、観光産業を奨励・支援するであろう。

1.43 ここで考えられるコンテンツには、次のものがある。
　a. 国立図書館にある貴重な視覚的文化資産
　b. その他の主要な図書館、博物館、美術館にある視覚的文化資産
　c. 別個のコレクションから関連資料を集める機能
　d. 博物館、美術館、文化センターの展示会や特別企画への仮想訪問
　e. 映画、演劇、ミュージカル作品の映像発信
　f. 文書館や公文書館のデジタル化コレクション
　g. 芸術、文化、メディアに関する双方向学習の資源
　h. 芸術や歴史遺産の催し物情報

1.44 国立電子図書館を支えるサービスには、次のものがある。
　a. 仮想展示の説明・ガイド付きツアー
　b. 図書館、公文書館、博物館、美術館の仮想訪問へのアクセス
　c. 専門知識への双方向アクセス
　d. 公共図書館部門内外の相談・情報専門家による提携ネットワーク

図書館の役割の展開

1.45 公共図書館は、情報通信技術の利用について初心者の相談に乗り、人々が"コンピュータ・リテラシー"(computeracy)をつけるのを支援できる力量をこれまでに示してきた。BBCの"コンピュータは噛みつかない"キャンペーンは国中の図書館を通じて、印刷された情報を使ったものと、一人で不安なしで使える体験セッションとの両方で展開されたのである。

1.46 公共図書館ネットワークに欠かせないものは、新技術の訓練・学習機会の提供である。入門レベルは図書館職員が担当できるだろう。彼らは、毎日初心者に接しているのである。しかし、学習を振興する団体や私企業が、一般向けに訓練や学習機会を提供する計画では、図書館サービス提供業者との連携に熱を上げるようになるだろう。

1.47 公共図書館は信頼できる仲介者として、後れを取ってしまう市民を出さぬように努め、そして技術の進歩から取り残されて疎外感や社会的排除を味わうことのないように安全網を設置することによって、現状と未来の技術を橋渡しすることができる。これが、ユニバーサル・アクセスとすべての人のチャンスを確保する道である。

英国公共図書館ネットワークのための資源開発

1.48 公共図書館のネットワーク化によって、英国の公共図書館システムは相当の変革期を経て情

第1章 知識、構想力、学習へのアクセス

報化社会という新時代に移行する。移行期においては、また一定の領域では今後も、図書やネットワーク化されない資料に対する需要が続くだろう。その間、ネットワークでつながった地元の図書館で利用が期待される電子資料とそのサービスの範囲を設定するために、全英的な指導と財政支援が必要になる。それには次のようなコンテンツとサービスの開発が含まれる。
a. 商業出版物
b. 行政・公共情報
c. 新しい電子図書館の資源
d. インターネット・アクセス

1.49 サービスや情報資源の範囲がどのようになるかは、前例のない協力活動、企画立案、投資活動などの絡む全英レベルの新計画にかかっている。そして開発プロセスを管理し指導するためのエージェンシーを設立することが望ましい。このエージェンシーの役割は、次のような領域に及ぶ。

集中購入

1.50 エージェンシーは次の3点について助言する。
a. 電子出版および情報資源収集における使用許諾と購入の問題、並びにこれら資料の全英の公共図書館を通じたネットワーク利用
b. 協定の締結と財務処理
c. サービス準備、すなわちデータ・サービスのオンライン搭載

1.51 活動だけは、専従チームが、商業出版物のネットワーク利用を可能とする協定を締結するために複雑で時間のかかる交渉に当たる必要があろう。

1.52 商業出版の電子資料の購入や使用許諾には、5年間に毎年200万ポンドの財源が必要である。また全英コンソーシアム商業出版物調達チームの人件費と運営経費に、さらに年間30万ポンドが必要となる。

行政・公共情報サービス

1.53 この分野のサービス改善のために、いくつかの試行プロジェクトが行われてきた（『政府ダイレクト』や、地方公共団体やリージョン（[訳注] 英国の特定地域の広域行政圏）の連携によるさまざまなプロジェクト）。しかし、このプロセスを受け渡し地点にまで到達させるには更なる展開が必要である。それを完遂するために、5年にわたり毎年200万ポンドという開発資金が提案されている。その後も、サービス提供者（政府・地方公共団体・その他公共団体など）は、これらの活動が徐々に基準に到達するように、ネットワーク情報資源とサービスの財源を確保する責任がある。

英国の公共図書館資源の形成

1.54 計画に想定されている、情報や知識や文化的便益を提供するためには、新しい電子資料の製

作が必要である。対象領域は地域情報、企業・経済活動・訓練に関する情報、コミュニティ史や家系の情報資源、全英の図書館の調査ネットワーク、等々である。このエージェンシーは、このような資源の開発を、5年間3000万ポンドで適当な機関に委託するだろう。もちろんこの処置の将来については、期間の終わり頃には再検討されなくてはならない。

1.55 計画によれば国立電子図書館は、貴重書や特殊なコレクションのデジタル変換に依存するところが大きい。そのためにはデジタル化すべき資料の特定と順位づけという重要な企画が必要とされ、博物館、美術館、そして国立図書館のコレクションと連携できるように全部門を見渡さなくてはならない。この資源の電子化を実施するには、5年間で3000万ポンドの支出が必要であろう。

インターネットの活用

1.56 図書館の利用者が、無料もしくは商用の情報資源をインターネット上で見つけるには、ある程度の範囲のサービスが必要である。実行計画の最初の5年間に300万ポンドの財源を措置し、高品質のインターネット資源へのサブジェクト・ゲートウェイを開発するために、公共図書館への支援を提言する。

情報の共通基準

1.57 すべての開発事業は、情報を扱う際の標準やベスト・プラクティス（最善実践例）を共通基準として進めることが重要である。英国図書館と高等教育基金審議会統合情報システム委員会は、"資源発見のための全国組織"(National Agency for Resource Discovery)を設けて図書館界を支援することを考えている。フレットウェル・ダウニング・インフォマティック社のディビッド・ケイや、セントラル・ランカシャー大学の図書・情報管理研究センターのピーター・ブロウフィ教授による調査が、英国図書館と高等教育基金審議会統合情報システム委員会に提出されている。われわれは資源発見のためにこの機関には毎年10万ポンドの予算を措置し、英国公共図書館のネットワーク開発の援助にまで仕事を拡大するように勧告する。

1.58 この課題を請け負うにあたって、資源発見のための全国組織は、コンテンツの作成とライセンス契約に関して、図書館界やコンテンツおよびサービスの供給者と広く議論する必要がある。

経費内訳	単位1万ポンド
商業出版物の集中購入	200
全英調達コンソーシアム	30
行政・公共情報サービス	200
英国公共図書館資源	600
デジタル化プログラム	600
インターネットの活用	60
情報の共通基準	10
年間合計	1700

参照文献

Denham, Debbie(1997). 'Children and IT in public libraries', *Youth Library Review*, 23(spring).

LISC(E)(1995). Library and Information Services Council(England), *Investing in Children: The Future of Library Services for Children and Young People*. London: HMSO.

Lonsdale, Ray, and Wheatley, Alan(1992). 'The provision of computer material and services to young people by British public libraries', *Journal of Librarianship*, 24(2), June, pp.87-98.

第2章 利用者の声を聴く

はじめに

2.1 図書館における情報通信技術の大規模で集中的な開発に着手するにあたっては、図書館利用者のニーズやモチベーションを理解し、かつ現在の図書館サービスで使われている情報技術の受け止め方を理解しておくことが大切である。また、新しい技術を使った図書館サービスの提案について人々の考えを聴くこともきわめて重要である。この章ではそれゆえ、1997年6月と7月に行われた小規模な定性的な調査の結果を述べる。この調査の目的と調査項目は、付録2を参照されたい。

2.2 図書館が提供するサービス・ビジョンの再定義について一連の専門家の意見聴取が行われ、六つの重要な図書館利用者グループに対する調査が行われた。10代半ばの若者（14-15歳、都市部低所得地域）、スクール・リーバー（離学者）（[訳注]16歳に達して学業を離れようとする者をいう。しかしここでは進学者を含む）、図書館に一般的興味を持つ家族、"生涯学習者"、転職もしくは復職のためにパートタイムで勉強中の成人、といったグループである。実地調査は4カ所で行われた。地域の小規模な図書館、大きな中央図書館、都市部低所得地区の図書館、田園地帯の図書館である。

2.3 一般に人々は、現在の図書館サービスに好意的である。たとえ開館時間の短縮や蔵書への予算配当に不満があってもそうである。財政が厳しいので情報技術の導入は非現実的かもしれない、という気遣いが多い。

調査概要

2.4 この章における知見は、次の調査分析に基づいている。

a. 公共図書館はあらゆる形態の情報に関する市民の権利という民主主義原理を体現するものである。人々は、情報技術の利用が今日の社会に不可欠であることに気づいており、公共図書館には誰もが情報技術を利用できるようにする、つまり、それが買えない人も一様に、情報技術を利用できるようにする役割があると考えている。

b. 情報技術を導入すれば、レクリエーションと仕事のいずれの目的でやってくる人にも、もっと刺激を与え、能力を向上させ、情報を与える大きな可能性が生まれる。

c. 非常に価値があると思われるのは、広い意味での教育の分野だろう。図書館が、学校の生徒やスクール・リーバー（離学者）のニーズを満たし、また生涯学習を支援する役割を果たすという可能性は大変大きい。自主研究課題に取り組む若者たちはどんどん増えている。しかし、大勢の人が落ちこぼれている。それに300万人いる自営業者は、どこで訓練を受ければよいのか。

公共図書館は情報通信技術に関する助言・支援・実地訓練を受けようとする人が向かうべき場所であり、訓練・再訓練のための重要な役割を担い得るところである。

d. この調査の範囲を考慮しておくべきだが、最も期待の高かった項目は、宿題クラブ、学校へのリンク、スクール・リーバー（離学者）のためのなんでも屋というアイデア、情報通信技能の訓練センターとしての図書館、それに先進的なサービスだった。

   自分のペースで気楽に自習したいという意見も目立ったが、まず求められたのは基礎的なコンピュータ技能の習得だった。リテラシー・スキル習得の全体がわかっている者は少なかった。

   貴重な古文書の利用などの特殊な要求もあった。しかし、これに賛同しているのは熱中している人たちである。専門的なコレクションに対しては、地域を越えた振興活動はほとんどないようだった。これは取り組むべき課題であろう。

   コミュニティの知識センターとしての図書館の価値は理解されており、情報技術がもたらす便利さによってこそ向上するであろう、なくてはならないサービスと考えられている。地方自治体との連携については、調査したグループでは部分的にしか関心を集めなかったが、この結果については更なる調査が必要だろう。

e. 田園地帯においてはネットワークの展開方法がそれぞれ異なるので、さらに検討が必要である。利用できる資料が少なく、その分新しいサービスへの欲求が強い。自宅から、あるいは村の便利なアクセスポイントから利用したいのである。レクリエーションのための読書は特に重要で、リモート・アクセスで貸出を更新したり、リクエストを出したり、図書を自宅へ送ってもらうなどの機能はサービスの大きな改善となる。

f. 開館時間についても利用者の視点から検討する必要がある。レクリエーション活動や職業のための学習に利用を拡大するのなら、誰もがサービスを受けられる夜間、週末、昼食時間帯にも開館すべきだろう。

g. ネットワーク構成は国内に限られるべきではない。われわれは世界につながる情報環境の中にあって、また地球規模のネットワークの一部であることが重要であり、そうでなくては遅れてしまうことを人々は知っている。

h. 公共図書館はコミュニティの重要な拠点である。しかしその地位が蝕まれているのではと危惧されている。図書館へ行かずにはいられない理由がないし、時代に先行しているというより、むしろ遅れていると思われているのだ。それでも利用者は公共図書館のサービスにとても好意的なので、図書館を再び活性化し、利用を喚起し、広く訴えかけて、人々の暮らしに大きな変化をもたらす機会をつかむことができるはずだ。

i. 図書館がネットワーク化された情報・知識・学習の新しい世界で地位を確立しようとするならば、新技術とネットワークでつながった図書館は欠かせない。情報技術は、学習活動を前進させる大きな手立てになるだろう。特に図書館を身近に感じていなかった人に対して、情報技術は学習を面白く見せ、やる気を起こさせる。

j. 現時点では図書館の静かな学習スペースに価値があると思われている。だからどんなサービス改善もこれと相補的なものでなくてはならない。この調査によれば、新しい利用形態は図書館に活路を与えたが、それには別の場所が必要だと考えられている。新技術を、図書館の重要な価値を維持するためにどう融合させるか、もっと考慮され検討されるべきだろう。

k. 将来、図書館員には有能さと人々への手助けが求められるだろう。仕事の全体としての目的は本質的には変わらないが、求められる技能は異なるだろう。図書館員は自らの役割や管理能力、そしてサービス方法や"カスタマー・ケア"について考慮しなくてはならないし、一部の人々の態度については考え方を変える必要があろう。図書館員はカウンターの中から出て、もっと顧客に向かわなくてはならない。
l. 多くの人は公共図書館が提供するサービス範囲を狭くとらえている。図書や情報を図書館以外から得ている人は特にそうである。図書館サービスに高度なプロファイル・マーケティングの手法を用いる必要があることを、このことは示唆している。もっと多くの潜在的利用者に対し、図書館サービスに何ができるかを示し、より広い利用を促すのである。
m. サービスを無料とするか有料とするかは、さらに検討が必要な問題である。図書館は一部のことにはすでに有料サービスも始めており、それが大方受け入れられてもいる。
n. 新しいサービスを企画する時、利用者が特定の利用のためにどれくらい遠くまで出かけるかを、図書館員はもっと詳しく知っておくべきである。この調査によれば利用者は、高価なことがわかりきっている特殊な資料まで身近な図書館で利用することを期待してはいない。
o. 自分たちが価値を置いているものを追い出してしまう情報技術の導入よりも、蔵書を豊かにし閲覧スペースを快適にする方がよいと考える利用者もいる。こういう人にとっては、図書館の雰囲気や大規模な蔵書を保つことの方が大事で、新技術によるサービスは別の場所でやって欲しいのだ。
p. われわれが話し合った中では、小規模企業を代表する専門家は、図書館は民間部門との連携の核となる可能性があると見ている。この領域については調査の範囲外だったが、サービスのあり方、マーケティング、財務問題などを考える上で大変重要であり、綿密な検討が必要だろう。

主要な知見
公共図書館における情報技術に対する全般的受け止め方

2.5 全般的な受け止め方は次のとおりである。
   a. ネットワーク化された情報・知識・学習の新しい世界で、図書館がきわめて重要な役割を果たそうとするならば、公共図書館における情報技術の展開は不可欠だと考えられている。
   b. 情報技術ネットワークが提供する可能性に、回答者はよい印象を持っており、大多数が非常に好意的に対応している。
   c. 熱心な人ほどよく知っている。つまり、インターネットの将来性を知っており、公共図書館のネットワーク化を進め、地球規模のネットワークとならなければ、図書館は取り残されると考えている。
   d. ネットワークで結ばれた図書館の活用法として非常に関心を集めたのは、教育や生涯学習の支援であった。また一方では、自分では新技術を買えそうもない人への機会の提供であった。
   e. 図書館は自己学習や技能訓練のためにふさわしい場所として認められている。
   f. 図書館員には人々に情報技術の支援や指導をするという重要な役割が期待されている。図

書館員がその場にいることも、"人間的な感触"を保つために必要である。特に、情報技術の"冷たさ"と近づきにくさを心配する"テクノ恐怖症"の人を、勇気づけることが求められている。

g. 世界中の情報源にアクセスすることは必要ではあるが、それがなくてはならないものだとは考えられていなかった。ほとんどのことは地元の図書館の蔵書で用が足りているし、時折中央図書館にリクエストを出すか行ってみればよかったのだ。はっきりわかる便利さといえば、利用したい図書が貸出中の時にも、すぐに情報が得られることだ。

h. ビデオ会議や仮想現実などの先進的なサービスは、特に若い利用者に好評で、情報関連や通信関連のものは受け入れられた。ビデオ会議の可能性については広く関心を集めた。

i. 自宅から利用できる環境にある人は、遠隔利用に好意的だった。

j. 新しいサービスが図書館らしさを犠牲にしてはならないと考える人がほとんどだった。

k. 暮らしに目立って浸透してきている情報技術というものが、少数派の人々をしらけさせている。この人々は老齢化しており、従来の図書館に親しんでいるので、もっと図書を買ってくれて、長い時間開いていて、もうちょっと椅子を増やしてくれればそれでいいのだ。しかしかれらとて、図書館における情報技術の重要性を若い世代の将来のための投資だと理解している。

l. 田園地帯の利用者クループで、ネットワークで結ばれた図書館に非常に興味を持っているのは、宿題をかかえた子どものいる女性だった。

基本的な考え方
子どものニーズに応える

2.6	情報技術の教育的効用は、子どもにも親にも熱心に受け入れられている。

2.7	情報技術設備のある宿題クラブというアイデアに人気があった。 その理由は、次のとおりである。 a. 情報技術は子どもをやる気にさせるし、基本的なコンピュータ技能や他の新技術の訓練になる。 b. 図書館ネットワークは、子どもの課題に関連した、かつ興味がわく、広い範囲の情報源へのアクセスを可能にする。 c. 子どもは図書館という環境では、気が散らないで集中できる。 d. もし必要なら援助や相談が受けられる。

2.8	学校へのリンクも、よい考えだとされている。というのもたいていは学校の資料は限られていて、このリンクにもっと役立つ支援が受けられると思われるからである。親と学校との連絡に使うことに関心があるのは少数派である。学校との直接のリンクは実際的ではなく、ただでさえ忙しい教師の時間をこれ以上割けないと思われている。しかし、母親たちは全国カリキュラムへのアクセスは有用だと思っている。

2.9	田園地帯の利用者グループで宿題をかかえた子どものいる女性は、図書館がネットワークで結ばれることにとても熱心で、自宅や便利な場所から情報にアクセスすることができればあ

りがたいと考えている。

スクール・リーバー（離学者）のニーズ

2.10 情報技術はこの年齢のグループに特に有益だと受け取られていた。意外ではないが、かれらは次のような事項に特に意欲を持っている。

簡単・迅速で最新の
- 進路指導
- 職業訓練機会
- 継続教育・高等教育機関の場所
- 求人
- 企業情報

へのアクセスとともに、履歴書の書き方や面接の練習をCD-ROMで学ぶことができること。

2.11 利用者の声
「コースや大学の本当の姿を知りたい。街、キャンパス、学生生活など。」
「コースについての感想や意見を集約して、大学がどんなところかわかるようにすれば、とても便利。」

2.12 この年齢のグループは、図書館が学習でき、新しい情報技術や進んだサービスを使うことのできる、きちんとした場所だという考え方を、特に歓迎していた。

2.13 このグループでは自宅からのリモート・アクセスは、図書館が閉まっている時や他のサービスを使わなくともよい時の、考えられる付加的な利点としてあげていた。

生涯学習の支援

2.14 調査した人々は何らかの形で生涯学習に参加しており、学習のためにすでに公共図書館を使ったことがあった。図書館は個人的な目的の独学や、あるいは余暇活動や趣味のために行くのに適当なところだと考えられていた。まず静かな学習スペースがあり、図書館が開いている間は、好きな時に使える参考資料がある。ここでは、開館時間の延長は当然、特に問題となっている。

2.15 大多数の人は、技術を条件とする雇用が増える中で情報技術は欠かせないと考えているし、中にはもうそうした技能を公共図書館で得ようと行動し始めた人もいる。他の人々も、図書館での技能習得に大いに関心がある。

2.16 図書館における<u>自由学習</u>という考えは、多くの人の興味を引いた。少数の人々は、個人的にはむしろ講習に参加してもっと社会的なやりとりをしたいと感じている。一番障害になっているのは、まず基本的なコンピュータ技術を習得しなくてはならないことと、それにある種の"テクノ恐怖症"を克服しなくてはならないことである。

2.17 社会的関心の高い何人かの女性は、文化・言語的に不利な立場の、正規の教育を受けにくい人々のリテラシーを高めることに価値があると考えている。

コミュニティのニーズに応える

2.18 図書館はすでに一部の人には地元の知識センターとして使われている。もっとも情報技術によって図書館のサービスが大いに改善されると、旅行を計画中のときには、近くであれ遠くであれ、ある地域で何が起きているかをもっとうまく知らせることもできる。実際こういうサービスにはかなりの関心が寄せられている。

2.19 地方史や文化の古い記録は折にふれて、主に学校の自主研究課題のために使われてきた。この分野では情報技術の応用にはあまり興味が持たれていないが、それらは図書館の本来的な資源であると考えられている。

2.20 地方自治体へのリンクについては、反応が分かれた。一部の人は建前としては賛成であるものの、効果は疑問だと感じていた。地方自治体の問題に積極的に関わっていると思われる女性たちが、情報技術の使用には興味がないとして、次のようにいっている。
「地域の活動がうまくいくとは思えない。」
「コンピュータ上で、私の意見を本当に聞いてくれるでしょうか。コンピュータを無視することはできても、人間を無視することはできないのよ。」

新たな機会
情報通信技能の訓練センター

2.21 図書館を訓練センターにするという考えには、とりあげる課題によって反応はさまざまであった。人々は、図書館に期待している役割をより充実させることを求めている。情報通信技能に関連する訓練は要望が高く、人々の考えに合致していた。これは上級学校に行けない人を図書館に向かわせるという利点がある。

2.22 基本的なコンピュータ技能の訓練は、特に要望が高かった。学校ですでに習っている若者よりも、むしろ成人向けの訓練が望まれているようだ。インターネット入門講座は、どのグループでも要望が強かった。

2.23 対人コミュニケーション・スキルの改善のためのセンターも関心を集めており、すべてのグループに支持されている。そして、全般的には図書館がそれに相応しい場所だと考えられている。興味のある問題を通してコミュニケーション・スキルを高めるという考え方に人々は賛同しているのであり、スクール・リーバー（離学者）が面接技術の講座に特に興味を示しているのはよくわかる。

新しい学習方法を試す場所

2.24 ビデオ会議リンクに対する期待も高い。教育関係の利用とともに、とても適切で、一般的な応用として、保健医療問題の支援グループの連絡に使いたいというものがあった。課題に合

えば、人々は馴染みのない技術でも使おうとするし、基本的な技能を習得しようとするものだ。

| 2.25 | このチャネルによって共同学習を行うという考えについては、賛否両論だった。講義に"出席"し、遠くの専門家に相談することができるという見通しは、いくらかの人々の意欲をそそったが、大多数はこの可能性に興味を示さなかった。外国語の学習についても関心はあまり示されず、通信講座なら個別指導を受けるという人が多かった。 |

| 2.26 | 仮想現実のような先進的なサービスに対しては、特に若い男性が興味を示した。彼らはこのような展開を期待しており、情報や通信に関してはそれが望ましいと考えている。図書館が歩を進め、最新の技術を試しに使ってみることのできるユニークなサービスを提供することが一つの方途だと考えられている。加えて、このグループは図書館を、コミュニティの中で最新技術を備えるのにふさわしい場所だと考えている。
「図書館でなけりゃ、どこでやるんだ。」 |

| 2.27 | セキュリティへの関心は、いくつかのグループに共通していた。破壊的行為に対する不安や、子どもが機器を占有してしまうのでは、という心配がある。 |

貴重なアーカイブへのアクセス

| 2.28 | "貴重な隠されたコレクション"を掘り出すという考えにも、賛否両論があった。一部の人は熱心で、特に博物館や展示会を訪問できるようにしたいと考えている。しかし多くは無関心で、男性はむしろスポーツやニュース番組などの動画を見たいという要求が強い。 |

利用者にとっての情報技術の導入と利用の問題
問題：適切なバランス

| 2.29 | 図書に囲まれた静かで安らかな空間、そして漫然と書架を眺めて思わぬことに気がつく、人々は図書館のこうしたよさを失いたくないと考えている。"ひとたび情報技術が導入されると"書架がなくなり、図書館の"よさ"がなくなってしまうのでは、という懸念が多かった。
「新しい技術を止めることはできないが、やり過ぎないでほしい。」
「情報技術は図書に取って代わってはならないが、図書館を90年代に連れていく。」
「技術が導入されると図書館は変わってしまい、本などなくなってしまうのではないだろうか。図書館の価値を損なわないでほしい。」 |

問題：無料のままであろうか

| 2.30 | 図書館サービスを無料のままにできるかは、多くの人にとって本当に重要である。
「有料になるなら、それは別の話だ。」
「無料でないなら、払えない人を排除することになる。」 |

| 2.31 | 課金に対する考え方はさまざまだった。若者の方が概して有料サービスへの覚悟ができている。多くは、図書を取り寄せる際の課金と比べて、限られたサービスに対してなら有料でもよいとしているが、すべてのサービスが無料であるべきだとの強い意見もあった。情報技術 |

サービスの最初の試行期間や基本操作などは無料であるべきだとの意見が一般的であった。自宅からの利用は、機器を持っているやや"裕福な"人にとっては便利であり、課金にも抵抗感が少ない。

問題：十分な端末を備える

2.32	図書館における情報技術への要求は、サービスに相応しい数の端末を求める声が立証している。 「端末が足りたためしがあったかい。どうやって端末をそろえるんだい。」
2.33	関心を引いている資金調達の問題はともかく、人々は端末を並べて配置することには否定的で、脅威さえ感じている。端末の数が限られるとするなら、誰でも使えるようにするために、合理的な供給／予約システムが必要である。

その他の問題

2.34	その他、少数ではあったが貴重な意見があった。 a.「新技術の導入は、職員の削減を伴うことが多い。効果的なサービスを維持するためには、もっと職員が必要だ。使い方を教え、助けてくれる図書館員や、コンピュータが壊れた時のための技術者だ。」 b."テクノ恐怖症"は、ある部分の人々、特に女性には顕著だった。仕事ではコンピュータを使っていても、他ではコンピュータ操作に自信がない人もいる。こういう人にとっては、励まし教えてくれる図書館員の役割は大きい。

第3章 新しい図書館員の技能

はじめに

3.1 公共図書館部門に対する情報通信技術の包括的な訓練計画は、政府の学習社会推進計画の重要な構成要素と考えられる。あらゆる年齢の、そしてあらゆる社会階層の半数以上の人々と接触する、大きな集団に技能の再訓練を施せば、相当の効果が出よう。公共図書館職員の技能と積極的な貢献を当てにすることによって、政府は、人々が情報通信技術の働きを理解し、それを日々の生活の中に活用できるようにする高品質の訓練計画を展開できる。

3.2 英国の公共図書館サービスには、積極的な手助けと相まって、人々が立ち寄りやすいというしっかりとした伝統がある。過去10年間で公共図書館が受けた質問件数は60％も増加し、またそれらが込み入ったものであったことを考えれば（CIPFA, 1986-［訳注］公認公共財務会計協会（Chartered Institute of Public Finance and Accountancy））、さまざまな情報源から情報を見出して、それを説明してくれるという図書館職員への期待と信頼が、人々の中で大きくなっていることがわかる。

3.3 公共図書館職員は、すでに高い品質の公共サービスを支えるコミュニケーション・スキルやカスタマー・ケアに関する技能をたくさん持っている。これらの技能と"きさくな相談員"という図書館員の信望が必ずや、情報化社会のもたらす、印刷体も電子的な形態も、そして世界中からの情報も地元の情報もという、量的に増大しかつ多様化する情報資料に対処する技能の強力な基盤となる。英国公共図書館ネットワークを利用しサービスを提供するのに必要な職員が身につける追加の技能は、教育サービスや公共サービスの信頼できるモデルと切り離せないものであり、それ故に公共図書館の全英訓練・開発計画は妥当な投資なのである。

3.4 全英訓練計画は、公共図書館職員が新たに果たすべき役割に確実に対処できるようにしなければならない。図書館職員には、多様な情報資料へのアクセス要求を先取りしかつ合致させ、その上で日々の生活や学習に関連するサービスに付加価値を加え、新しいコンテンツを作成することが期待されている。人々、とりわけ新しい利用者は、地域での増大する情報伝達や、行政・公共サービスとの相互リンクのためにネットワークの可能性を活用する場合に、図書館職員の支援を頼るようになるだろう。

3.5 新しい技術をめぐって他の国々が設定している目標については、付録の1で概観する。利用者が情報通信技術に親しみ、それを日々の生活の中に取り入れるよう手助けするのに図書館員が重要な役割を果たすであろうと見られている。この役割についてのヨーロッパの見解

は、ヨーロッパ委員会の『公共図書館と情報化社会』というレポートに示されている。その専門的議論における二つの主要な論点は、図書館の新しい役割と未来志向のカリキュラムに到達するために必要とされる改革である。この検討の中では、次のような役割が分析されている。
- ネット・ナビゲータ
- ITゲートキーパー
- 情報コンサルタント
- 情報マネジャー
- エデュケーター

また、この検討では、新しく出現しつつあるいくつかの「役割と（中略）情報過多のせいで、もっと選択をすべきだという要求が出現し、公共図書館が利用者とそのニーズに緊密に結びついて活動せざるを得なくなっていることを考慮した、サービス改善の専門的な条件」（Thorhauge et al., 1977）が確認された。

3.6 このようにして、英国公共図書館ネットワークの導入は、図書館サービスの活動と運営に重大な影響をもたらすだろう。あらゆる組織変革のプログラムと同様に、"人的な要因"が成功を確実にする最も重大な論点の一つになる。また、この大規模なプロジェクトでは、包括的でかつ焦点を絞った訓練・育成のプログラムが、サービスの急速な拡大を実現するのに不可欠となる。

訓練への投資の必要性

3.7 公共図書館部門は2万7000人を超える職員を擁し、そのうち26％は専門職で、74％は支援職員である（LISU, 1997）。戦略に当たる管理職か、中間管理者か、サービス・スタッフかといった職務にかかわりなく、どの位置にある職員も、ネットワーク情報資源の提供が現在そして将来どのような影響を及ぼすかを理解するとともに、それを実際に活用する技能を必要とする。調査によれば、インターネットおよびその他のネットワーク情報資源によるサービス量は、現在公共図書館が最小であり（全図書館の3％以下と見積もられる）、また実際に情報通信技術の訓練はほとんど実施されていない。ただ、たいていの図書館行政体＊では、図書館職員が潜在的な役割を21世紀に果たすためには、インターネットと情報通信技術の訓練が必要であることはわかっていることも事実である。
（＊「図書館行政体」（library authority）という用語は、本報告書においては、英国の公共図書館サービスに責任を持つ、さまざまな法令に基づく組織、すなわちイングランド、ウェールズ、スコットランドの地方公共団体と、北アイルランドにおいては、北アイルランド教育省下の五つの教育・図書館委員会を意味している）

3.8 すべての図書館職員のための情報通信技術訓練の全英実行計画には、目下の訓練対策をはるかに上回る大きな投資が必要になる。公共図書館における技能開発に大規模な投資を行う必要性は、他でも認められている。ビル・ゲイツとメリンダ・ゲイツは、ゲイツ図書館基金を創設した。その基金は、インターネット・アクセスを支援し、専門職やその他の職員への援助と訓練を行うために、米国およびカナダの税収の少ないコミュニティの公共図書館に対

し、2億ドルの現金と2億ドルのソフトウェアを提供している（ALA, 1997）。

3.9 この点に関して、技術面と文化面での変革を組織的に行った他の英国公共サービス部門から学ぶべきことがたくさんある。高等教育の領域では、情報通信技術の影響により数々の学習環境に重大な変化がもたらされている。そして情報通信技術の展開を成功させるかどうかは、明確な目標と厳しい投資評価、それに技能を身につけたやる気のある職員にかかっていることが明らかになっている。高等教育基金審議会統合情報システム委員会（JISC）は、大学が訓練・養成という課題に特別の配慮をするよう促している。そして学長、教員、図書館員、情報通信技術専門家など全職員を対象とする情報通信技術の訓練実行計画を設定している。現在のJISCの5カ年戦略計画では、訓練と養成がその実施計画の主要部分となっており、各組織のものと全国的に構成される実行計画のどちらをも設定する必要性を強調している（JISC, 1996b）。

3.10 高等教育基金審議会統合情報システム委員会は、電子時代における高等教育図書館のサービスの拡大と品質の改善のために、実用的な技術開発と通信問題の解決策を導き出す電子図書館（eLib）プログラムを立ち上げた。常に進展しているおびただしい種類のサービスを実施し、運営し、支えていく図書館員の技能を向上させることは、投資戦略の重要な要素である。eLibの全国訓練プログラムは、組織文化の変革、作業品質向上のための情報通信技術利用、ネットワークを扱う技能、ネットワーク情報資源、訓練者の訓練という範囲にわたっている（JISC, 1996a）。

3.11 国民医療保険（NHS）もまた、重要な文化的・組織的変革を支えるための全国訓練計画の必要性を認めている。過去5年間に、NHSは、体系だった研究報告を作成し報知することによって臨床面での効果を高める全国計画を導入しただけではなく、全国的な情報通信技術ネットワークであるNHSnetも構築した。この二つの改革は、全国訓練の実行計画への出資金から支援を受けている。また、この全国訓練の実行計画のいくつかは、EBM（根拠に基づく医療）の修士号といった新しい国家資格認定や、NHSの情報管理・技術スタッフのための専門資格認定をもたらした。NHSの図書館員の役割は、改革を進める行動的な参画者として、すなわち知識と技術をベースにするNHSを目指す推進者であり、またインターネットやNHSnet上の情報資源の発見・評価の訓練を受ける消費者であり、かつ提供者であると位置づけられ、財政的な支援を受けている（Palmer and Streatfield, 1995）。

3.12 "ブリストル教育オンライン・ネットワーク"（Bristol Education Online Network）は、教員への情報通信技術の技能訓練を導入するプロジェクトにおいて、次の点を確認している。すなわち、仕事の上で情報技術を利用し、短期の集中的な訓練を受けた経験があるにもかかわらず、教員の情報通信技術に関する自信は低いままであり、学生のニーズに応えるためにどのように情報通信技術を利用するか、システムを利用していかにうまく学生を指導するかを体得するには、更なる専門的なガイダンスが必要である。このプロジェクトにおける訓練・学習支援活動のための予算見積りは、訓練を受ける職員1人当たり1600ポンドである。

3.13	全国的訓練計画の他の例として、キャメロット宝くじ（Camelot Lottery）のオペレータ3万5000人の訓練がある。その場合は、100万ポンドの経費がかかると見積もられている。また、8万5000人の郵便局職員の訓練経費は、3000万ポンドである。
3.14	これらの例から明らかなように、情報通信技術訓練への長期にわたる有意義な投資は他の公共部門ではすでに了解されており、公共図書館部門でも必要とされるだろう。正確な投資の規模は、現在行われている情報通信技術訓練の包括的な調査と、訓練ニーズの詳細な分析後に決定されるとはいえ、次節には公共図書館職員のための全国情報通信技術訓練計画の設計と実行案の内容を、経費の明細とともに提示する。

訓練計画の要素

3.15	ここで想定する大規模な改革計画を成功させるために必要な訓練・開発活動は、三つの基本的な領域に注意を向ける必要がある。

戦略

3.16	次のことが必要となる。 a. 政府と図書館行政体そして市民の、文化と価値と目的を理解すること b. 上記の原則を明確にすることと英国公共図書館ネットワークとの関連性を理解すること c. 個人とコミュニティの要求を理解し、それに応じるべく、公共図書館がその力を最大限発揮するように導くこと

実施

3.17	次のことが必要となる。 a. この戦略を、地方公共団体や個々の利用者グループや個人の特定の要求に応じるように実行すること b. 前線・後方オフィスにおけるシステムや活動の有効性・効率性を高めること c. 労働環境の質を改善すること

環境

3.18	きわめて広い意味で、次のことを考慮して英国公共図書館ネットワークを維持し、展開することが必要となる。 a. 変わり行く要求に応じること b. 競争圧力の影響や、協力の機会を事前に察知して手を打つこと c. 外的な状況を鑑みつつ、改革の勢力に影響を及ぼすこと
3.19	上記の基本的な領域は、戦略担当管理職、業務担当管理職、技術スタッフ、サービス・スタッフのどこに位置づけられていようとも、公共図書館で働くすべての人に関わる。例えば、主任図書館員、ネットワーク管理者、図書館事務補佐員にはすべて技術訓練が必要だが、かれらの管理範囲における責任事項に関連する、ネットワークの戦略的な意味合いも理解しておく必要がある。

3.20 2万7000人の英国公共図書館全職員の訓練計画に期待される教育的な効果は、次のとおりである。

a. すべての職員は、英国公共図書館ネットワークと、かれらの分担に及ぶその影響を考えて訓練を受ける。
b. すべての職員が、着手する改革計画の重大さを理解する。
c. すべての職員が、英国公共図書館ネットワークの機能水準に応じた新しい情報通信技術についての技能を獲得し、その技能を業務のすべての関連する側面に応用できる。
d. すべての職員は、学習プログラムの一環としてこれらの技能について公式に評価され、その学習達成度の最新の記録を持つ。

3.21 現実に即してこれを説明するため、第1章で使われたものからとり出した次のシナリオでは、人々にサービスを提供する際に職員が準備する必要がある新しい情報通信技術に基づく技能を説明する。これらのシナリオの下線を引いた部分の活動は、ずっと中核的技能であったが、現在では情報通信技術の要素を持つものであり、ゴチックで示したのは、ネットワーク環境が要求するまったく新しい技能である。

スーザン、進路について考える

　この図書館員はすでに女性の情報ニーズの特徴を把握する技能を持っている。そして今や、質問に答えるのに利用する電子資料の知識を持っている。最初に必要なセキュリティのチェックを行った上で、その女性に、インターネットの使い方を教え、電子メールアドレスを発行する。図書館員は、地元の住民に特に役に立つようにウェブ・インターフェースを設計し、学生のために、役に立つハイパーテキスト・リンクをつけた新しいページを準備した。

　今日朝早くに、図書館員はヘルプ・デスクに連絡をとった後で新しいプリンターを設定し、PC限定のソフトウェアをロードした。また、このサイトの図書館サーバーの性能を毎週監視するプログラムを走らせ、自動バックアップのルーチンをチェックした。

　技術スタッフは、背後で、ワイド・エリア・ネットワークのローカル・リンク、メトロポリタン・エリア・ネットワークと英国公共図書館ネットワークへのゲートウェイ・アクセスを設定し、ネットワークの性能の監視を行っている。ネットワークの管理ツールは、遠隔地からローカル・サーバーの障害を診断し解決するソフトウェア付きで導入されている。またファイアウォール・サーバーが導入されていて、全国標準に基づくセキュリティ・レポートが設定されている。

　職員は、プロジェクト計画に基づき、ローカル・ネットワーク基盤を構築しつつ、新しいキットの導入と保守を行っている。新しいウェブ・サーバーが導入された。通信リンクは、地域のメトロポリタン・エリア・ネットワークを通じて稼働している。職員は、スマートカード管理システムを設定した。電子メール・データベースは、現在自動管理である。

　図書館の管理者は、地元の学校と連絡をとり、新しい電子的サービスのマーケティングを行っている。かれらは、システム設計と開発の手法を設定した。事業実施全体は、プロジェクト管理手法によっている。入手できる電子資料によって、管理者は投資評価モデルを検討し、また調達コンソーシアムを通じて、供給者と競争的なレートを交渉できるようになった。協定上の認証方式と一緒に、ネットワーク・セキュリティのポリシーが導入された。ス

第3章 新しい図書館員の技能

マートカードの技術を利用した<u>課金のメカニズム</u>が確立された。コレクション管理とデジタル・アーカイブの新しいポリシーが存在し、<u>新しいパフォーマンス指標が開発</u>されている。

ザイール、読むことを習う

　図書館員は<u>児童のニーズを把握</u>した後で、電子図書などの<u>有益な情報資源を見つけ出す</u>。児童向けのウェブ・インターフェースの設計はうまくいっている。しかも、使いやすい一連のヘルプガイドもある。図書館員は、インターネットの利用と、<u>いくつかの言語で利用できるこの図書館だけのヘルプ画面</u>のデモンストレーションを行う。適切な画像ソースの購入が、サービスをうまく補ってくれる。図書館員のワープロと電子メールパッケージの知識が試される。

　技術スタッフは、この図書館のゲートウェイ・アクセスと図書館の新しい情報通信技術セキュリティ・ポリシーを設定する。児童が不適切な資料にアクセスしないように、インターネットのスクリーニング・サービスが然るべく設定されている。システムを児童が簡単に使えるようにするため、特別なキットを導入し、ネットワークの全体的な性能を低下させないようなやり方で、新しい画像データベースをネットワークに搭載する。サーバー空間の割り当てが常時監視され、自動化された"清掃"プログラムが稼働している。図書館管理システムとのリンクはうまく設定されている。

　新しいサービスによって、主任図書館員は、<u>サービス経営や投資戦略の設定</u>、<u>投資の優先性規定</u>、<u>機会均等ポリシー</u>、<u>健康と安全のポリシー</u>を検討するようになった。帯域幅と記憶装置の費用が影響する財政的・技術的分析によって、ネットワークの改良ができた。ネットワーク・コンピュータへの移行が真剣に検討されている。図書館が著作権法と知的財産権法を遵守しているかを監視するプログラムをつけて、ビデオと画像のアーカイブ化に関する新しいポリシーが運用される。

ペテル一家、コンピュータを使う

　図書館員は<u>ビジネスのニーズを把握</u>する。そして電子情報ゲートウェイを通じて利用できる情報源を評価し、インターネット利用や、ワープロや表計算のパッケージにデータを取りこむ簡単な訓練を実施する。<u>他の地元のビジネス・プロバイダーとのリンク</u>はすでに設定されている。しかし、スマートカード・サービスによって、市民がそのサービスに直接アクセスできるようになった。<u>ビジネス情報の利用に関する訓練コースを催すことや、高等教育や継続教育のカレッジへの案内を行う</u>ことが喜ばれている。

　技術スタッフは、電話回線によるアクセスができるようにネットワークを設定した。電気通信とネットワーク支援を統合するという現在のプロジェクトが想定よりも問題なくいくように、国内および国際標準に確実に準拠するように相当の努力が払われた。

　図書館の管理者は、<u>マーケティング戦略がうまくいき</u>、<u>地元のビジネス・コミュニティとの活発な交流が生まれた</u>ことを喜んでいる。サービスのための新しい価格ポリシーが形成された。情報提供が法的には、導入された法的免責事項として扱われるようになった。図書館と在宅ビジネスの間の、電話回線によるリンクを支援するための通信業者との交渉は、うまく進んでいる。

公共図書館の訓練計画の実施

3.22 上記のスケッチは、英国公共図書館ネットワークの構築に向けて必要な訓練範囲を概観したものである。いうまでもなく、それはある図書館に特有のものではなく、公共図書館部門全体に関連している。こうした学習ニーズのいくつかを取り入れたプログラムを行っている図書館行政体もあるが、ほとんどは、そのための財源や通信設備がないか、あるいはサービスの改革を支えるために必要な訓練計画を自力で考える技能を持った職員がいない。

3.23 2万7000人の全公共図書館職員に向けた、情報通信技術の体系だった訓練の設計と実施についての主要な問題点は、
 a. こうした訓練を、どのようにして大規模かつ短期に遂行できるか
 b. 既存の訓練コースや資源やパッケージが利用できる範囲
 c. コースの設計と新しい一般的教材の製作
 d. 一般的な資源をあつらえて自分の資源に展開する地元の訓練機関の能力、である。

3.24 テーマや組織的な問題から見れば、訓練資源供給の費用対効果は、リージョンや英国全体で行うのが最も高いだろう。その際には、訓練を受ける者は全国の同僚と広範囲の経験を共有し、この規模の組織改革では重要な要因となる協力や協調を促進する共通理解を持つこともできよう。しかしながら、日常業務に関わるネットワーク部分については、地元での訓練もまた不可欠であり、すべての訓練は、それがどのレベルで管理されるのであれ、仕事の場まで浸透するものでなければならない。

3.25 このように、実施に際しては柔軟な展開が重要である。全英訓練計画は、一貫性のあるものであるとともに、地元の自主性を尊重して展開されねばならない。また、これに参加することによって、全国的あるいはリージョン単位での対応が役立つようになり、認可訓練団体と組んだ資格認定による学習評価という利点も生じる。

3.26 遠隔学習パッケージを使った変更のきく学習から正課の教室での活動まで、多様な訓練方法が採用されねばならない。多くの場合は、定型的な指導、もしくは費用対効果の高いカスケード方式、すなわち被訓練者が訓練者になり順繰りに他の人々を訓練するという方法によって行うことができる。この方法がまた、訓練者の事実上の全英ネットワークを作り出す。この訓練計画に必要な資源は、国立図書館や情報訓練プロバイダーから入手できるかもしれないが、ほとんどは英国公共図書館ネットワークのために特別に開発され、かつ地元のニーズに応ずるために特別にあつらえられねばならないだろう。

3.27 この規模の訓練計画はうまく管理され、そしてローカルとリージョンと全国という訓練実施の各レベルでバランスがとれていることが不可欠である。公共図書館ネットワーク機構は、次のことを確保するために、何よりも重要な全英の訓練体制を設定しなければならない。
 a. 図書館行政体が頻繁に必要とされる資源を提供するために、訓練と開発に対して共同歩調をとる公式の団体から実質的な支援を受けること
 b. 直接パフォーマンス指標の観点からも、プロジェクト評価やバリュー・フォー・マネー

（金額に見合う価値）分析の構成要素としても、訓練成果を報告するための公的な仕組みを設定すること
  c. 訓練活動は、技術やサービスの変化に合わせて策定され、実施されること、および技術革新のための財政計画には常に訓練の費用を含むこと
  d. 訓練活動は公認の訓練の制度に結びついており、例えば、スコットランド職業資格並びに全国職業資格認定資格（S/NVQ）や学部・大学院の学位コースなどの認められた基準の学習成果として認定されること
  e. 資源は重複配分されることなく、費用対効果の高い方法で提供されること
  f. 職員の継続的かつ間断のない育成を保証するプログラム

3.28 図書館行政体が地元の要求に応じて共有資源を活用する全英の体制の下に、いくつかの要素が存在する。

3.29 全英レベル：
  a. 5年間にわたって、公共図書館ネットワーク機構は情報通信技術の訓練計画を実施する。それには次の事項が入る。
    ⅰ．訓練ニーズの全英的な調整と明確化
    ⅱ．中核的能力（コア・コンピタンス）、訓練目標および標準の設定
    ⅲ．直接パフォーマンス指標、プロジェクト評価、バリュー・フォー・マネー分析という観点から見た訓練の実施結果についての報告
  b. 公共図書館ネットワーク機構は、訓練活動を実施し、学習教材を製作し、かつ基準に合わせて評価や資格認定を管理するローカル・リージョン・全英レベルの訓練プロバイダーに訓練計画を委託する。当初は、すでに利用可能となっている学習資源の多くを利用することに比重がかかるが、最終的には、学習者の自由度を考慮し、また地元の要求に迅速に対応できるような、新しい資源が作成される。
  c. 全英およびリージョンの範囲での訓練では、予測される変化、戦略的な技能育成、プロジェクト管理、標準もしくは複雑なシステム・インターフェースが重要である領域、そして情報通信技術によるネットワーク構築と電気通信の専門的技能が特に問題となる。
  d. 訓練について共通の枠組みを準備するために、S/NVQタイプのアプローチが採用される。それは、十分に柔軟なので、地元を重視した訓練を最優先とすることができる。S/NVQではない訓練が、高等・継続教育、あるいは専門的プロバイダーが管理する品質保証システムを通じて認可されることもあるかもしれない。S/NVQが適切ではない比較的高度なレベルでは、大学や大学院の資格認定による格づけがより適切だろう。ここでは、英国コンピュータ協会と英国図書館協会の役割とともに、英国情報図書館学教育・研究者協会（BAILER）の役割が重要になる。

3.30 ローカル・レベルとリージョン・レベル
  a. ローカルおよびリージョンの計画は、訓練の項目のほとんどをカバーしている。ローカル・レベルの管理者が特定のサービスや戦略目標に取り組むことができるようにするため、中央で作成された基本的な学習教材が調整上提供される。地元の図書館や情報サービ

ス・プロバイダーの多くもまた、固有の訓練資源を作成することが期待されている。
　b. 訓練プログラムの実施における大切な点は、カスケード型の訓練協力のような、リージョンのレベルの共同・協力計画である。専門知識の共有と共同事業の計画は、定期的なセミナー・シリーズやビデオ会議によって実現できる。
　c. 訓練プログラムは、評判のよい組織のものを使って品質が保証される。例として、"国民の投資家"（Investors in People, ［訳注］http://www.iipuk.co.uk）というプログラムにおける調整や、職業訓練・企業委員会（TECs）が与えるサービス・プロバイダーのための英国企画協会検査証がある。

3.31　本章の最初で述べたように、ニーズの分析と訓練設計なしに、この訓練の枠組みを実現するための費用を正確に述べることは難しいが、5年間にわたって毎年、平均280万ポンドを情報通信技術の訓練資源の開発、提供、認定に費やすことが提案されている。さらに、公共図書館ネットワーク機構が責任を持つ訓練プログラムの開発、提供、認定の業務を委託し、関連契約の監視を行うために付随する経費は、職員の費用と間接費が5年間にわたり毎年20万ポンドと見積もられ、合計で年間300万ポンドが5年間に必要になる。

3.32　すべての公共図書館の職員には、ネットワーク構築の最初の2年間はそれぞれ平均5日間の正規の訓練、3年目は3日の正規の訓練、その後は年間1.5日の訓練が必要になると見積もられる。厳密な時間管理はプロジェクト実行計画によるが、ネットワーク構築の早い時期に、情報通信技術についての技能をできるだけ広めるようにすることが重要であり、それは不可能なことではない。この総計は、ネットワーク構築の最初の2年間で13万5000日の訓練日となり、3年目は8万1000日で、その次の年は、全部門で年間4万500日に減少する。

3.33　正規の訓練に加えて、関連領域における技能をさらに発展させるため、職員は自主的な、自己管理の学習時間を持つことが期待されており、1人当たり年間5日の参加が必要である。

3.34　職員が通常の仕事を離れて、正規なものであろうとそうでなかろうと、情報通信技術訓練の時間が確実に持てるようにすることがきわめて重要である。教師の情報通信技術の訓練に関与するブリストル・パイロット・プロジェクトによれば、自信と技能形成のためには、必要な時には支援を得ながら適切なシステム上で新しい技能を実践する、十分な時間が持てることが決定的に重要であるという。図書館全体の訓練が要求されるのに、職員が一時的に仕事を離れるための費用を補う資金が提供されないのであれば、国民へのサービスは完全に中断してしまうのは明らかである。職員が訓練のために仕事を離れる費用のうち、少なくとも50％の見合いの資金が必要であることを提案する。この見積りは、5年間にわたって毎年平均200万ポンドになる。

3.35　ローカルおよびリージョンのレベルで経験を共有し、持続する訓練や開発に向け共同歩調を進めることも重要である。ビデオ会議、セミナー、カスケード型の訓練計画等といったリージョンやローカルなレベルの共同訓練事業のために、年間30万ポンドの報奨つきの計画が設定されなければならない。

| 3.36 | 2万7000人の公共図書館職員に対し、5年間にわたり訓練の設計、提供、認定を行う全国計画の投資額全体は、1500万ポンドに、地方の共同事業と職員が仕事を離れる経費の50%をカバーする1150万ポンドを加えたものになる。図書館行政体が、訓練のために仕事を離れる費用の残り50%を負担することが期待されるだろう。これは、現在訓練の経費を支出している図書館行政体にとっては追加の負担になるが、現在公共図書館を利用している人口の58%に対して与えられる利益という観点から見るなら、その他の全国的な訓練計画と比べて、妥当で費用対効果の高い投資（5年間で職員当たり1000ポンド以下）である。 |

| 3.37 | 図書館員の訓練のための投資は、コミュニティのすべての部門に有用な能力を持つ人的資源を生み出す。技能を持った新しい図書館員は、情報迷路のナビゲーションにおいて啓発的な支援を自信を持って提供し、すべての人々に学習への道筋を説明し、すべての人々を市民のネットワークへと迎え入れる。 |

参照文献

ALA(1997).'Bill and Melinda Gates establish library foundation to give $400 million to libraries'. *ALA News Releases*, 2(30), June.

CIPFA(1986−). *Public Library Statistics: Actuals*. London: CIPFA.

JISC(1996a). *Electronic Libraries Programme*, 3rd edn. Bristol: JISC.

JISC(1996b). *Five Year Strategy 1996-2001*. Bristol: JISC.

LISU(1997). *Library Information Statistics Tables for the United Kingdom*. Loughborough: LISU.

Stone, P.(1997). *Project EARL(Electronic Access to Resources in Libraries): Networking for Public Libraries' Information and Resource Sharing Services via Internet*. Final report. London: BLRIC.

Palmer, J., and Streatfield, D.(1995),'Good diagnosis for the twenty-first century', *Library Association Record*, 97, pp.153-4.

Thorhauge, Jens, Larsen, Gitte, Thun, Hans-Peter, and Albrechtsen, Hanne(1997). *Public Libraries and the Information Society: Study on behalf of the European Commission* DG-XIII/E/4 Prolib/PLIS 10340. Draft final report. Luxembourg: European Commission.

第4章 ネットワークの基盤

はじめに

4.1 この章では、ネットワークで結ばれた21世紀の図書館サービスのビジョンを達成するためには、どのようにして、どの程度の費用でネットワークの基盤を構築できるかを検討する。この報告書は、きわめて厳しい時間的制約の中で作成された、準備段階の見解であって、いったんこの提案の原則が政府によって採用されるや、この先にしなくてはならない作業がある。

4.2 ネットワークの基盤は、地方と全国のレベルで検討されており、勧告ではネットワークの施設、利用者のためのハードウェア、管理と調整の問題を扱っている。

4.3 技術的基盤の構築は、人々が利用を望むコンテンツの製作や、全国学習網、図書館サービスに関わる訓練・開発プログラム、それに利用者指導プログラムとは完全に一体となっていなければならない。ここで提示する資金調達の提案は、そうした全体的なアプローチを実現する手立てを与えようとするものである。

4.4 これらの提案は、図書館ネットワーク全体にわたってイノベーションを推進する手段を規定するものである。提案が実現されれば、あらゆる地域の英国市民のすべてがネットワーク情報資源と学習資源を利用できるようになる。成人であろうと子どもであろうと、個々の学習者とその教師は数々の公共施設や機関をいわばパノラマ的に見ることができる。加えて、このネットワークにより、英国の公共図書館サービスが世界中で利用できるようになり、また英国市民がグローバルな情報源にアクセスできるようになる。

4.5 この章では、勧告の要約を提示する。すなわち、地域的なネットワークの要件と英国全体の要件の考察（議論の大部分）と、詳細な勧告とその背後にある理由、実施に関連する種々の要因の議論、資金調達と運営の勧告、そして最後に費用に関する部分である。

勧告の要約

4.6 目標は、公共図書館のサービス展開において、そのあり方を変化させ得るネットワーク基盤を形成することである。サービスは、使いやすく、魅力的で、あらゆる地域でアクセスしやすいものでなければならない。本提案は、イノベーションを促し、持続できる間断のない改善を推し進めようというものである。

4.7 本章では、要件の吟味に着手するが、その詳細は提示しない。それは次の段階である。英国には建造物を持つ4700以上の図書館と約700の移動図書館が存在する。また、病院や刑務所、

地域社会には1万9000以上の、たいていはスタッフのいないサービスポイントがある。すべての場所ですべての利用者が、ネットワーク上の利用可能な最良の図書館に簡単にアクセスできるように、これらの図書館やサービスポイントのすべてに必要な設備が備えられねばならない。

ハードウェア

4.8 こうした設備はすぐにでも入手できるはずであり、したがって、最小規模の図書館には、3台か4台の利用者用のマルチメディア端末と図書館職員用の端末が、最大規模の図書館には40台以上の利用者用端末と図書館職員用の端末が必要だという想定になる。4万台の端末の追加と、プリンターその他の補助装置、適切なLAN（ローカル・エリア・ネットワーク）への接続の経費が必要だとすると、その見積りは約1億2千万ポンド程度になる。

4.9 保守とアップグレードのための資金も必要である。実際の問題としては、地域の事情に沿ったハードウェア対策、訓練、その他の必要なものを補うための資金は実情に合わせて柔軟に利用できるようにしなければならない（以下を参照）。

ネットワーク

4.10 ネットワークによるサービスに迅速にアクセスできるようにするため、すべての図書館は、利用できるところではISDN（統合サービス・デジタル網）によって接続すべきである。現在それが利用できないのであれば、その設置と資金調達を計画し決定するためにネットワーク・プロバイダーとの交渉が要求される。端末数と利用者のセッション数が増加すればするほど、もっと広い帯域幅が要求される。アプリケーションが利用可能になるにつれ、遠隔学習やリアルタイムの双方向ビジュアル・サービスを提供するため十分な帯域幅（能力）が要求されるようになる。

4.11 どの地域に住む人でも、身近な地域の外にある利用可能な資源や学習プログラムにアクセスし、双方向でやりとりができるように、システムの全体が全英ネットワークによって連結されねばならない。

4.12 これらすべてのことを実現する技術は入手できる。しかし、最良で、最も進んだ最高の能力のものをどこにでも配備できるわけではない。情報の入手と学習に基本的に必要なものはどこでも最初から実現できようし、多くの場所では、それを越えたことが可能になるだろう。すべての図書館行政体の主サイトは、ここで提案している全国ネットワークに接続できる。図書館行政体によっては、技術上や経費上の制約で、当初は要望のすべてをどの地点にも提供できるわけではないが、プロジェクトの進行に従って、必ずすべての場所に提供できるようになるはずである。開始直後から、ネットワークがないため対応できなかったサービスを遠隔地域でも利用できるようにする資金調達と実現の手はずが整えられることになろう。

4.13 ネットワーク技術の費用見積りは、十分な調査と設計が行われる前のこの段階では難しい。おおざっぱにいって、接続のための総予算として3600万ポンド、各地の図書館システムのた

めに4800万ポンドの年間レンタル料が確保されねばならない。これには、各地域の要求に合わせて設計されるネットワークの能力構成も考慮されている。接続のための予算約1000万ポンドと全国ネットワークの年間レンタル予算3600万ポンドも必要である。この全体予算の中には、ネットワーク全体の管理に要する費用も含まれている。

4.14　われわれは、参考のために個別運用経費や情報通信技術の投資提案をいくつか検討した。だが、正確な数字はこの報告書の他のところで勧告した詳細な調査によって示される。

4.15　全体の投資は、公共図書館の現在の情報通信技術経費と関連している。イングランド、ウェールズ、北アイルランドにおける図書館サービスの情報技術の更新と、新しいプロジェクトの資本コストは、1996年から1997年には760万ポンドと報告されている (Information for All, 1996)。1995年には、英国の全図書館における1994年から1995年の情報技術経費は、およそ2000万ポンドと報告された (CIPFA, 1995)。

4.16　詳細な実施計画を立てるためには、図書館行政体がすでに構築した、あるいは開発中のシステムについて把握しておく必要がある。そして、上述のコストのいくつかはそれによって相殺されよう。地方と中央の政府の間で、地方のネットワーク基盤の経費を分担すべき領域がある。

4.17　地域のネットワーク構築の際に考慮すべき大切な点は、政府によって検討されている教育ネットワークなどの支線に図書館を接続する可能性である。

4.18　この規模の情報通信技術プロジェクトは、電子サービス提供に対する中央政府からの給付を含めて、新しい収益を生み出すサービスだけではなく、有効な節約のチャンスも生み出す。

4.19　ネットワークは次の二つの主要な要素から構成すべきであると提案する。
　　　a. 図書館行政体ネットワーク
　　　b. 英国公共図書館ネットワーク

図書館行政体ネットワーク

4.20　ここでの目的は、図書館行政体が、最大限柔軟で、地元のニーズにすばやく対応し、そして既存の基盤を配慮できるネットワークの展開を引き続き支援することである。

4.21　協定基準に従って入札を行い、次の事項の経費が措置できるように、図書館行政体への資金援助が必要であると提案する。
　　　a. 相互接続性
　　　b. ハードウェア
　　　c. ウェブ・サイト／ウェブ・サーバー
　　　d. 保守
　　　e. アップグレード

f. 職員の配置・訓練
　　　g. 特別な要求
　　　h. 便利な稼働時間設定および稼働時間の延長

4.22　これらの事項の間で資金をどのように配分するかを斟酌することにより、地元への柔軟で細やかな配慮が確保されよう。

4.23　次の機能によって、どの場所へも接続できるという最低基準は備えていなければならない。
　　　a. インターネットへの高速な接続
　　　b. ビデオ会議やマルチメディア・ツールを利用した、図書館ネットワーク内外での双方向のセッション

4.24　もっと高品質のリアルタイム・サービス能力（需要に基づく）も考慮に入れておくべきである。

4.25　地方の状況によって、ISDNや広帯域ネットワークなどによるネットワークの複合的提供が想定される。

4.26　デジタル資料のあるものは、ますます入手しやすくなっているCD-ROMによって、より安価に効率的に提供できることもわかっている。

4.27　多くの図書館利用者が使えるように、ハードウェア設置（利用者用端末）の最低基準を設定すべきであると提案する。公共図書館ネットワーク機構が設立されれば、そこでこうした基準が細かく設定されることになる。

英国公共図書館ネットワーク

4.28　これは、すべての公共図書館行政体ネットワークを、保証したレベルの帯域幅で相互接続するものである。最初の段階ではその容量は、2～35メガビット/秒の範囲だが、図書館がデジタル映画のアーカイブへのアクセスや、双方向のリアルタイム遠隔教育のようなサービスができるように、155メガビット/秒あるいはそれ以上の速さに増強できなければならない。その性能は、マルチメディア全般を利用するのに相応しいレベルになるだろう。

4.29　英国ネットワークは、他の類似のネットワークと高い品質で接続できるようにし、全ネットワークにわたってサービスを提供する。英国公共図書館サービスに管理ネットワーク・サービスの取得を勧告する。

資金調達

4.30　二つの共同管理資金を持つ、全国的な資金調達プログラムが必要である。
　　　a. 図書館行政体ネットワークに関して：管理機関による調達行為によって資金が獲得される。図書館行政体が協力協定を結んだ、リージョンのコンソーシアムのために資金が活用

可能でなければならない。最低限の基準に従うことが求められる。管理機関は、必要な場合は、配分過程を管理できるものとする。

b. 全国ネットワークに関して：入札の後、一つないしは複数のオペレータが指定され、落札されるネットワーク

管理

4.31 全体の過程は、指定された組織の監督下にある管理機関が運営するものとする。

ネットワーク基盤の開発
背景

4.32 インターネットが情報化社会の発展の主要な原動力であり続けるだろうことは広く認識されている。インターネットは、多様なアプリケーションに対応し、急速に成長しつつある情報サービスへのアクセスを提供する、多目的の普及したデジタル・ネットワークである。インターネットはまた、多様な新技術やアプリケーション、そしてサービスを開拓するダイナミックな開発環境を提供する。それゆえ、英国の公共図書館をインターネットに接続すれば、公共図書館は、そのサービスをもっと幅広い利用者コミュニティに広げ、情報化社会の発展に十分に関与することができる。

4.33 インターネットは、管理ドメインが異なる何千もの個別のネットワークを相互接続することにより構成されている。一つの管理ドメインに複数のネットワークが存在する場合もある。また管理ドメインは、私的および公的ネットワーク・サービスの両者を包含している。ネットワークの構成要素は、電話回線によるネットワークから最新の広帯域交換技術までの、おびただしい数の電気通信技術を利用している。インターネットの目標は、この複雑性と多様性を、利用者の見地から一つのネットワークに統合することである。

4.34 インターネットを選択することは、公共図書館のネットワーク化に相当な柔軟性を与える。すなわち、組織とその資金調達の性格を調和させ、全国とリージョンのどちらの範囲の通信においても英国特有の機会や進展を活用でき、また将来的にネットワークの計画を進化させる新技術を含む、多様なネットワーク技術を採用できるようにするといった解決策が見込めるのである。さらにインターネットは、新しいアプリケーションを開拓し、プライバシー、セキュリティ、著作権等といった重要な問題に取り組んでいる、豊かで多様な開発計画と結びついている。公共図書館は、この計画から得られる利益にあずかることができる。

4.35 しかしながら、インターネットだけでは、英国の公共図書館が必要としているレベルのサービスを提供することはできない。インターネットは、情報の流れを管理できないという隘路を抱えている。つまり、インターネットは好ましくない資料を容易に制御できない複雑な環境であるというわけである。そのため図書館サービスに、こうした点や他の重要な問題を管理できるモデルの採用が提案されている。

4.36	提案している公共図書館のネットワーク化のモデルには、次の二つのレベルがある。
	a．各図書館行政体下にある図書館を相互接続する、地域ネットワークの設置
	b．図書館行政体ネットワークの相互接続、およびインターネット、それに全国学習網とか産業のための大学などのその他の英国のネットワークや国際的ネットワークとの接続

図書館行政体ネットワーク

4.37	このプロジェクトは、公共図書館サービスに向けられているけれども、図書館行政体の組織と資金調達の仕組みを通じて実現されなければならない。図書館ネットワークというとき、それが時によってはもっと広範な統合地域ネットワークの一部の場合もある。その状況においては、現在あるいは将来資金は図書館サービスに割り当てられ得るとし、そうなることを前提としている。

4.38	ネットワークで結ばれた、地域の公共図書館サービスの性質に関しては、次のことが想定されている。
	a．地域のどの公共図書館サービスも、次の者が想定されている。
	ⅰ．利用者群
	ⅱ．コンテンツとサービスの提供者・出版者
	ⅲ．情報チャネルや情報源を通じての、並びにコンテンツ出版に関する、専門的案内情報の供給者
	b．利用者は、場所、ニーズ、サービス・レベルを結合する、次のようなさまざまな状況にある。
	ⅰ．大きな貸出・参考図書館
	ⅱ．地元の地域図書館、そこでは、例えば、特に宿題クラブがあるとき、放課後の利用や学生の利用が午後遅くから多くなる
	ⅲ．移動図書館
	ⅳ．学校その他の教育機関
	ⅴ．その他のコミュニティ情報・サービスのアクセスポイント、つまり田舎の郵便局や病院の情報キオスクなど
	ⅵ．家庭と職場（これについては、公共図書館が提供する電話回線サービスの効果しだいであるが）、利用者は、そこからインターネットを通じて、ある範囲の無料、あるいは課金されるサービスにアクセスできる
	ⅶ．刑務所
	c．利用者には、一定の範囲のサービスや助言が提供される。それは、配備されたシステムやソフトウェアを使いこなせるかどうかの利用者の能力と一致していなければならない。ますます洗練されていくシステムとソフトウェアおよびその説明を利用する際の原則が、提供されるサービスに組み込まれていなければならない。専門的な支援と案内がサービスと一体になり、その専門的知識はオンライン（電話のヘルプ・ライン経由）やその場で入手できるようになるし、時間延長サービスも行われるだろう。
	d．公に提供されるサービス・サイトのすべてで、マルチメディア・アクセスの利点が十分に活用される。最低限でもテキスト、オーディオとグラフィックス、それに簡単なビデオ・

サービスが備えられ、需要に応じて高品質のビデオその他のサービスにその範囲は広がる。また、経費を見積もるために、英国全体の体制で考えた、利用者に提供する端末の最低基準が設定されるだろう。
　e．図書館行政体は引き続き自主的にシステムを計画する。しかし公共図書館の開発は、ここに展開する全英の政策に沿ったものとなる。
　f．個々の地域の公共図書館システムは、次のものと双方向通信を行う英国公共図書館ネットワーク・サービスを提供するために、（英国標準を使って）相互に接続される。
　　ⅰ．その他の公共部門のオンライン・サービス
　　ⅱ．商用のオンラインやインターネット・サービス
　　ⅲ．SuperJANETや高等教育部門のその他類似のネットワーク上で稼働しているサービス
　g．目的は、次のものを提供することである。
　　ⅰ．高いレベルの品質が保証された利用者サービス
　　ⅱ．公共部門のための、基盤整備とコンテンツの費用効果的な取得

4.39 各図書館行政体は、その管轄区内のすべての図書館を接続する、インターネットと互換性のあるネットワークを管理する責任がある。これらのネットワークは、地元の産業、学校、カレッジ、大学等との共同事業や地域範囲での通信基盤といった、地域特有の計画や機会を、それが存在すれば、活用することができよう。各地域ネットワークは、それぞれ固有の条件に合わせて、ネットワーク技術を混在させて使うだろう。こうした技術には、標準的な電話回線ネットワーク、私的・公的ネットワークで利用可能な広帯域のサービス、リース回線、ケーブル・モデム、無線通信、衛星によるものがある。

4.40 各ネットワークに対する責任は地方の問題であると思われているが、全英のプログラムが、その進展のために誘い水を向け機運を盛り上げ、技術的援助の提供・調整を行う必要がある。適切な全英の支援プログラムであれば、地域ネットワークの互換性を保証し、資源と経験の共有を進め、定められた時間内に図書館のすべてを確実につなぐように支援する。

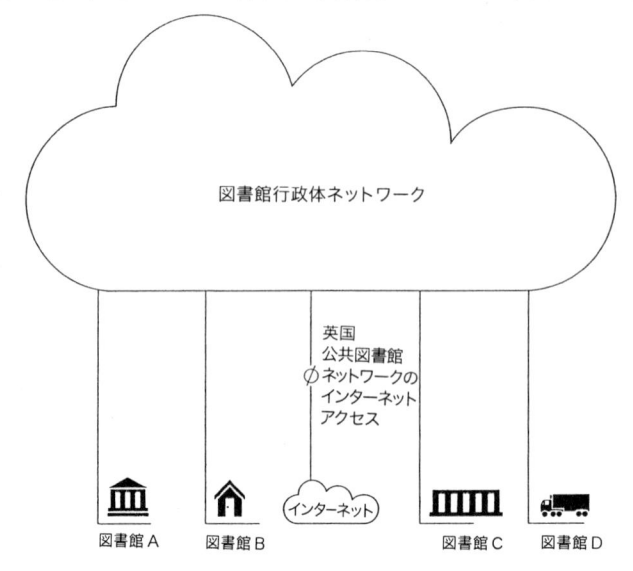

英国ネットワーク

4.41	二つの基本的アプローチが検討された。 a. 管理アプローチ：調整されたネットワークの調達と管理を行う。 b. 完全な分散アプローチ：図書館行政体はそれぞれインターネット接続を交渉し、調達する。
4.42	選択肢aは、特別のネットワーク資源を設定し、図書館行政体どうしのトラフィック（通信回線の中を流れるデータの通信量）の性能を保証する。これは、全英のすべての図書館ネットワーク間の緊密な協力関係、例えば、国立電子図書館の創設という構想の実現に際して、あるいは英国全体のネットワーク資源の共有を促進するために重要である。だが、主たる要件はグローバルなインターネットへのアクセスを各図書館ネットワークに提供することであり、全国規模での図書館ネットワークの相互接続に特別な必要条件がないならば、分散化の選択肢bが適切である。
4.43	選択肢aでは、英国中に広がる約200あまりのアクセスポイントを提供する広域交換網を設計し、調達することが必要になる。これは公共図書館ネットワーク機構が開発し、管理するか、それとも一つないしはそれ以上のネットワーク・サービス・プロバイダーの管理サービスとして提供されよう。それはまた、全国学習網の枠組みの一部になるかもしれない。また、これらの選択肢を組み合わせることもできる。最終的な選択は、費用対効果と変化する条件に適合する柔軟な決定による。中央管理チームには、ネットワークの運用と展開が求められる。高等教育コミュニティにおけるJANET/SuperJANETのネットワークは、このような取り組み方の一例であり、公共図書館コミュニティに役立つ指針を与えてくれる。
4.44	選択肢bは、どのような専用の全国ネットワーク資源も必要としない。各図書館ネットワークは、それぞれ適当なインターネット・サービス・プロバイダー（ISP）を利用してインターネットと接続する。図書館ネットワークの全体に対応するためには、複数のISPが必要になるかもしれない。これらとの接続は、各図書館行政体によって個別に、あるいは全ネットワークを包括する中央調達計画のどちらかにより確保されるが、これは分散した資金調達と戦略的な指示との折り合いをつけるという問題を伴う。中央調達には、全国一括購入という利点がある。それによって、ISPの関心を相当引き寄せ、個別調達と比べて経費の節減を生み出す。中央調達によって、各図書館ネットワークにとって最良のISPを見つけ出し、それをもとに図書館行政体は個々に適切なISPとコンタクトするのである。
4.45	次の利点を提供するという理由で、選択肢a、すなわち管理的アプローチを採用することを強く推奨する。 a. 経済性 b. 技術的弾力性 c. サービス水準の保証 d. 全国的な戦略の展開
4.46	英国にはすでにこの手法の例がある。高等教育機関をリンクするJANET（the Joint Academic Network）である。JANETは成功例とみなされて、海外から羨望されているものである。英

国公共図書館ネットワークが、JANETの技術的基盤のあり方を倣うということをいっているのではない。JANETが構築されて以降、世界は変化しており、現在では他に多くの利用できる選択肢がある。しかしながら、JANETのような管理ネットワークの利点と成果は、次に述べるように英国公共図書館ネットワークにとって適切である。

管理ネットワークを薦める理由
サービス水準の保証

4.47　管理ネットワークは、安定した信頼性の高いレベルのサービスを利用者に提供する最低限の帯域幅のレベルを英国公共図書館ネットワーク内で確保できるようにする。これは特に、生涯学習や教育用アプリケーションに必要なマルチメディア・サービスを提供する際には、利用者満足を確保するために不可欠である。同時に、管理ネットワークは、トラフィックの必要量に応じて容量が切り替えられ、容量過剰が避けられるようにする。管理ネットワークはまた、場所に関わりなくユニバーサル・アクセスとサービス水準を保証し、このことで地方の潜在的不利益が克服できる。このようにしてアクセスの平等性とすべての市民の最大限の利益を保証しながら、全国的な戦略が実現される。

電気通信についての共同購買力

4.48　すべての公共図書館行政体のために活動する管理機関は、有利な料金交渉を行うための強力な立場をとろうとするだろう。帯域幅と相互接続の経費のせいで地理的な不利益がさらに悪化する小さな図書館行政体や田園地帯にとっては、特にそれが助けになる。図書館のために有利な料金表を採用することは、この措置を促進することに関わっているOFTEL（[訳注] 電気通信庁 http://www.oftel.gov.uk/）の目標と見なされてきた。このモデルの運用経費は、分散的運用モデルよりもはるかに改善される見込みがある。

コンテンツの管理

4.49　この解決策によって、英国公共図書館ネットワークにも流される非合法の、あるいは非合法でなくとも受け入れ難いコンテンツはずっと簡単に排除できる。とはいえ、この重要な方針問題はさらに議論の対象にする必要がある。

コンテンツのライセンス取得の仕組み

4.50　著作権のある資料にアクセスするため、ナショナル・ライセンス（[訳注] 図書館等が資料の利用許諾を共同で取得する場合、その範囲が全国的に設定された許諾）の交渉を行うという全国共同方式は、大規模なアクセスのための強力かつ単純な方法であり、莫大な公的財源を節約する可能性がある。この展開に道を開く実質的な動きが、大学の領域では進められている。

コンテンツの製作

4.51　管理ネットワークは、公共図書館が関わるコンテンツの製作と維持管理に関して、無用の重複を避け、適切な場合は民間部門と協力し、役に立つ製品を共有し、普及する商業環境を生み出しながら、全英の協力を推進する。管理ネットワークはまた、新サービスの展開にはより有利な環境であり、すべての市民がこうした機会に平等に浴するようにする。

コンテンツのミラーリング

4.52 インターネットの大きな問題は、トラフィックや遠隔の情報資源へのアクセスが渋滞すると、動きがのろくなり、欲求不満を引き起こすようになることである。この有効な解決策は、資源のミラーリング、すなわち、重要な情報資源をコピーし、より迅速にアクセスできる所に置くことである。これは、すでにJANETで行われている。管理ネットワークでは、レファレンス領域の主要な情報資源のライセンスを取得し、公共図書館サーバー上に置くために、図書館が協力し合うことが想定される。ネットワークが約束した帯域幅は、すべての公共図書館に必要なアクセス容量を提供するだろう。

その他のネットワークや海外とのリンク

4.53 JANETやNHSnetといったその他のネットワークとのリンクは、管理機構を使い進められる。管理機構は、サービス水準の合意書や共同ライセンス計画、その他を交渉するために設置されるのである。

4.54 ワールド・ワイド・ウェブ（WWW）は、近い将来、公共図書館のネットワーク活動の重要な構成要素になる。WWWにもっとアクセスできるように性能を改善し、ネットワーク容量、特に高価な国際リンクを有効利用するためにWWWのキャッシュが必要になることが予想される（［訳注］一度アクセスしたウェブ・サイトの情報を蓄積しておき、次回以降同じ要求があったときにキャッシュ・サーバーが応答を返す）。キャッシュにより、外部へのアクセス要求の回数は著しく減少し、望ましくない情報を選別するフィルタ機能が設定できるようになる。英国公共図書館ネットワークでは、これらの設備が提供され、効率的に管理されるようにする。

管理情報

4.55 公共図書館サービス全体は、さまざまなネットワークの技術的性能についてだけでなく、さらに重要な利用者の行動や選好についても英国公共図書館ネットワークの改善された管理情報から便宜を得ることができよう。それは、ミクロとマクロのレベルの需要予測を向上させ、需要に基づく新サービスの開発を可能にするだろう。

ブランドづくり

4.56 公共図書館は、全英範囲のサービスで利用者に安定したルック・アンド・フィール（［訳注］利用者インターフェースの見え方と機能のこと。アイコンなどを使ったグラフィック・ユーザー・インターフェースなど）を提供できるようにする。これは、興味を持って使ってみようという気にさせるし、よりよいマーケティングと、親しみやすく使いやすい画面やすべての利用者に安心なメニュー方式を通じて、ユニバーサル・アクセスをさらに確保し、利用者が望みのサービスを迅速に探し出せるようにする。そして、これが品質表示となるのである。

英国管理ネットワークの能力

4.57 英国ネットワークは、国際アクセスを含むさらに広いインターネット・アクセスを提供し、全国学習網や産業のための大学とも結びつく、すべての図書館ネットワークを相互接続するワイド・エリア・ネットワークになる。図書館ネットワークからこのネットワークへのアク

セスは、常時接続になる。ネットワークは、図書館ネットワークのさまざまな要求と将来のアップグレードを想定し、毎秒数百キロビットから数十メガビットの範囲のアクセス帯域幅を提供できなければならない。

4.58 図書館ネットワークとのインターネットのつなぎ方を考える際には、相互接続の必要条件を明確にすることが重要である。その条件とは、接続の帯域幅、信頼性、それにインターネットの選択肢、つまりどのサービス・プロバイダーを利用し、どのような接続形態にするかなどである。帯域幅の必要条件は、接続する図書館ネットワークに関連した次に示すいくつもの要因に左右される。

　a. インターネットへのアクセスを要求するエンド・ユーザーのコミュニティの規模。これは、同時に利用する端末数によって決まる

　b. 使用する利用者用端末の能力、特にマルチメディアの能力

　c. インターネットのアプリケーションと利用者が関心を持つサービスの範囲。電子メールとワールド・ワイド・ウェブを通じた基本的な情報へのアクセスが標準となると考えられる。マルチキャスティング（同一のパケットデータを何か所にも送信すること［訳注］グループに対して同一のデータを同報する技術、バックボーン・ネットワークのトラフィックを軽減できる）、ビデオ会議、ビデオ・コンテンツや仮想現実といった設備を利用したより高度なアプリケーションがしだいに重要になってくる（実施段階２と３—4.64節と4.65節を参照）

　d. インターネットからアクセスできる、図書館ネットワーク上で利用可能なネットワーク情報資源と図書館サービスの範囲

4.59 公共図書館がネットワーク上のサービスを展開していくにつれて、ここ２、３年のうちに、帯域幅の要求が相当拡大すると見込まれる。そのため、インターネット・アクセスの対策は、当該部門の資金調達能力を考える際に、性能を向上させる方針を含めておかねばならない。

実施

4.60 実施では、三つの段階が想定される。

段階1—接続性の確立

4.61 これには次のことが含まれる。

　a. すべての図書館を、設置場所に関わりなく、現段階のベスト・プラクティスにまで向上させるために、上にあげた要因に適合する帯域幅という条件で、既存の業者が現在提供し得るサービスを利用すること

　b. 上で述べたように、地域ネットワークとその他のネットワークに対し、適切なインターフェースを持つ英国全体の管理ネットワークを確立すること

4.62 ネットワークは、24時間、週7日利用できる管理サービスとして提供されるものとする。求められるサービスを詳しく規定するため、サービス水準協定が作成されねばならない。増え続けている英国のインターネット・サービス・プロバイダーは、全国で専用ネットワークを

第4章 ネットワークの基盤

提供する能力があるので、ネットワークを手に入れる最も適切な方法は、管理サービスの競争による調達を行うことである。

4.63 選定されたサービス・プロバイダーとの契約には、一般的なインターネット接続条項も入れておかねばならない。さらに、特定の他のネットワークとの相互リンク、例えば高等教育コミュニティのJANETや行政データ・ネットワークへのリンクが必要とされるかもしれない。これらのリンクは、別個に交渉されよう。英国ネットワークの必要条件の一部として、国際アクセスも入っているが、別個に設置することが考えられてもよい。指針として、2メガビット/秒の大西洋横断リンクの経費は、年間50万ポンドと見積もられる。

段階2―全国公共図書館サービスのプロセス改善と価値の付与

4.64 これには、コンテンツ製作への投資や、確認された利用者グループに提供されるサービスの品質への投資を必要とする、次のようなサービス開発が入る。

a. 全英の共同管理サービス
b. 接続を希望するすべての家庭と企業のための遠隔（ダイアル・アップ）アクセス
c. 地元の図書館から地元の学校、成人教育センター、職業訓練機関等へのリンクを使って行う、コンテンツとサービス
d. コンテンツの出版と流通の改善
e. 目標となるサービス・ニーズを持った情報利用者グループの拡大、例えば、産業部門のビジネス利用者、障害者、環境活動グループ、特別な文化・学習・言語ニーズを持ったエスニック・グループなどへの展開
f. 付加価値サービスのための課金の仕組み、例えば、企業に対するもの
g. 個人があらゆるアクセスポイントから、電子メールやビデオ会議（その単純な提供は段階1で行われる）を通じて、市会議員や地方公共団体の役所、国会議員などと連絡するためのメッセージ交換ネットワークの拡充

段階3―高度なサービスの展開

4.65 これには、次のことを可能にする、最先端のネットワークとソフトウェアを活用したサービスの試験運用と実施が入る。

a. 過去の利用者行動から見て関心がありそうな資料を探し出す、知的エージェント（［訳注］利用者がすべき手順や作業を肩代わりするソフトウェアで、処理すべき作業手順やユーザーの意向を表現するデータを内部に持っている）を利用した個人用の図書館
b. ネットワーク向けに特別に生み出されるまったく新しいサービス
c. リージョン間や国際間の、新しいネットワーク図書館サービス
d. 政府の代表や担当官、および政府の情報への民主的なアクセスを拡大する、さらに進んだ完全に双方向のコミュニティ・市民サービス
e. 教育ソフトウェア等を提供する次世代のコンテンツとサービス

ネットワークの管理

4.66 専門的な管理アプローチを必要とする一連の問題点が確認されている。それは次のものである。

a. 調達：ネットワーク・サービスとなっている製品とサービスを調達すること。また、公共図書館コミュニティのための規模の経済の達成
b. ネットワークの契約処理：公共図書館コミュニティのための、通信プロバイダーとの契約処理
c. サービス水準の監視：公共図書館コミュニティのための、自らが設定した標準に合わせたネットワークの運用
d. サービスの調整：参加図書館やサード・パーティなどがネットワーク上に提供しているサービス（例えばミラーサイト）の調整
e. ネットワーク・リンク：政府部門、SuperJANET、NHSnet、国際リンク等といったその他のネットワークとのインターフェースの管理
f. サポート：参加図書館に対する専門的助言の提供
g. 開発：公共図書館のための技術開発の最新性維持と継続的改善の推進
h. 登録：公共図書館の参加登録の管理、また、可能ならば、ドメイン名等の維持・管理

管理機関

4.67 これらの問題は、九分九厘管理機関が処理する必要がある。これには二つのモデルが考えられる。

a. 共同モデル：参加するすべての公共図書館が、公共図書館のために活動する一つのエージェンシーを設立することに合意する。
b. 契約モデル：有資格者による公開競争のための入札文書が公共図書館のために作成され、落札者が公共図書館に代わってサービスを運用する。

4.68 選択肢aは手に負えそうにない問題を提示する。現在のところ、図書館がそうした合意を形成する仕組みは存在しないし、一から合意に達するには、費用と時間がかかる。こうした問題は、この重要な計画を迅速かつ効果的に実現する妨げになる。

4.69 一方、選択肢bは、既存の仕組みを通じて、比較的簡単にまとめることができる。英国公共図書館ネットワークのための中央資金が用意されると仮定すれば、文化・メディア・スポーツ省は、関連部門と協議の上で、それを図書館情報委員会（LIC）に付託することができよう。図書館情報委員会は、必要に応じて専門家の意見を求めつつ、入札と選定の過程を監視できる。また図書館情報委員会は政府に契約の請負について助言できるし、政府の代わりに契約することもできるだろう。落札の後、図書館情報委員会が契約の履行状況を監査するための監視と調整の適切な主体となるのである。

地方での展開

4.70 次の要因を念頭に置き、新しいサービスの地方での展開が検討された。

a. 図書館行政体は、すでにさまざまな機器構成で、かつ種々の仕様レベルで、公共図書館サービスのためのネットワークを運用している。
b. すべての図書館行政体は、世界標準のネットワーク情報サービスを利用者に提供できるようにネットワークを最低基準まで引き上げることが勧告されている。

c. どの解決策も地域のニーズとポリシーに対応し、かつ柔軟でなければならない。
　　d. 人口密度と地理的状況の相違が考慮される必要がある。
　　e. 実施は、詳細設計の局面でみえてくる、次のような点に関する全英の基準に合致しなければならない。
　　　　ⅰ．インターネットとの互換性
　　　　ⅱ．各図書館行政体内のすべての図書館を相互接続すること
　　　　ⅲ．全英ネットワークとの互換性と相互接続
　　f. 最低限の英国標準を満たすという要件のほかには、地域のニーズに応えるために求められるハードウェア構成についての規定はない。

4.71 この条件のもとで、目的に適合する見合いの資金調達が実現できる資金の共同出資を勧告する。この種の資金の査定では、開館時間延長を埋め合わせる職員採用や類似の運用コストのような振替の経費を勘定に入れるべきである。図書館行政体は、相互接続やハードウェア、そして訓練等の地元のニーズを適宜勘案して使うことのできる資金を活用すべきである。

4.72 最後に、図書館行政体は、実施においてはアウトソーシングを行うことによって、図書館サービスのニーズに応じなければならない。このことは、いくつかの図書館行政体内部の情報通信技術部門が経験している資源の隘路を打開するのに役立つであろう。

ネットワーク解決策の選択

4.73 地方と英国全体の双方で図書館ニーズに対応するための多くのネットワーク解決策が検討され、どのようにしたら現在利用できるサービスが必要条件を満たし得るかをとりまとめた提案が行われた。市場の状況から見れば短期から中期的には、ネットワーク構築の経費は下降する可能性がある（ただし一方では、利用率は著しく増加すると思われる）。さらに大きな容量と可能性を持つ技術への移行の問題を考慮し、一般的にいえばこれは管理サービスを採用することでよりうまく処理されるものの、利用者の要求やコンテンツ、そして利用できるサービスという観点から、頻繁にネットワークを見なおさなければならない。

4.74 交換マルチメガビット・データサービス（SMDS）と非同期転送モード（ATM）技術の複合構成が、地域ネットワーク構築に対応したニーズに適合しうるだろうと評価される。ISDNリンクを使えば、もっと柔軟に世界規模でのオーディオ会議や簡単なビデオ会議を行うことができよう。

4.75 現在のニーズは、この（あるいは同等のものの）組み合わせによって充足できる。そして、さらに高度なコンテンツ・アプリケーションを提供するといった将来のニーズには、ATMやその他のネットワーク新技術の比率を増大させて対応すべきだろう。

ネットワーク解決策の費用

4.76 ネットワークの概要を以下に記述し、費用を見積もっているのは、単に説明目的のためである。詳細な解決策は、まず完全な入札を行ってからでなければ勧告できない。

4.77	SMDSは、ローカル・エリア・ネットワークのデータ・ネットワークのアーキテクチャーを統合するように設計されており、そのコネクションレスな性格（下を参照、[訳注]データを授受する端末間に接続関係を設定せずに、宛先アドレスを記述したパケットを通信ネットワークに送出する通信形態）とマルチキャストの機能は、広い地域にわたるローカル・エリア・ネットワークの相互接続に理想的である。SMDSは、"バースト型"のデータ・アプリケーションに適しており、帯域幅の要件の比較的低いサイトにまで拡張できる。SMDSは、サイト間の帯域幅が、合意されているサービス・クラスの帯域幅まで"オン・デマンド"で要求できるのも理想的である。これは、サイト間のトラフィックの量が予測不能であり、日によって、あるいは週によって著しく変化するような場合に、SMDSがきわめて有効であることを意味する。閉じた利用者グループが、パスワード管理に基づいてインターネットの利便性を活用できるイントラネットの設定では、利用者は、迅速に情報にアクセスし、商業や金融市場の情報をダウンロードし、企業ニュースやダイレクトリにアクセスし、アーカイブ化された写真や映画のコレクションを見るといったことができる。
4.78	ATMは、ローカル・エリア・ネットワークとワイド・エリア・ネットワークの双方に利用できる新しい通信技術である。その仕様は、データ・アプリケーションだけではなく、音声やリアルタイムのビデオにも対応することができる。それは、顧客とサービス・プロバイダーのどちらの領域においても、運用や支援の管理経費を合理化することにより、全体的な通信コストを削減させる状況を作り出す。
4.79	ATMは、SMDS（とイーサネット）にはできないサービス品質を保証でき、音声や映像のようなリアルタイムのサービスを提供する。机と机で向き合うビデオ会議のようないくつかのアプリケーションはSMDS上で利用できるかもしれないが、それは商用テレビやリアルタイムで行う訓練のための高品質のビデオ・サービスには向いていない。
4.80	図書館どうしでアプリケーションと情報が利用できるようにするための要件の大部分は、少なくとも短期から中期的には、SMDSに基づく中核的ネットワークと、おそらくもっと小さな遠隔地の図書館で利用されるISDNによって満たすことができると考えられるが、ある時点で、いくつかのサイトないしはすべてのサイトがATMへの移行を検討することも適切であろう。
4.81	必要なら、SMDSとATMのネットワークが相互に働くようにすることもできる。
4.82	ネットワーク技術は急速に進歩している。そしてこのことは、図書館利用者の要求変化と相まって、システム移行や将来的にも耐え得ることを想定した契約書を準備すべきであることを示唆している。

英国の管理ネットワーク経費見積りの根拠

4.83	次の仮定に基づき、経費見積りを行った。 a. すべての図書館行政体のネットワークを相互接続するネットワークとする。 b. 英国の管理ネットワーク・サービスの経費は、合意された概略仕様書に対して準備されて

いる。提案する解決策は、SMDSネットワークに基づくものとし、全体的な投資が見積もれるようにし、かつ可能性のある他の解決策と比較するための基準が準備できるようにする。SMDSは、コネクションレスなサービスであることによって、ネットワーク構築のための計画と規模を決定する過程を単純化する。"コネクションレス"であるというのは、情報が転送される前に、顧客が特定の帯域幅の接続を確立しておく必要がないことを意味する。顧客は、どの程度のトラフィックがサイトに出入りするか、そのトラフィックの発生源と行き先をおおざっぱに予測するだけでよく、それが正確にどれくらいあるかは重要でない。もしどこか一つのサイトのアクセス・クラスが窮屈になりはじめたら、さらに大きな帯域幅を提供しアクセス性能の向上が可能である。

4.84 こうしたネットワークの経費は、その条件をさらに詳細に検討することによってのみ、正確に見積もれる。ある指針では、189の図書館ネットワークに2メガビット/秒のアクセスを供給するネットワークを見積もると、付加価値税（VAT）とルータその他のハードウェア経費を除いて、インストールにおよそ170万ポンド、年間経費に750万ポンドかかるとしている。五つの条件を変え、すべての相互接続の性能を向上させると、インストールのコストは620万ポンド、年間経費は1490万ポンドに増加する。この計算は次により導き出される。

4.85 SMDSの価格は、接続料金と年間レンタル料で構成され、どちらもアクセス・クラスに基づいている。距離に関係する追加レンタル料金は、最も近いSMDSのサービスポイントから25km以上離れたすべての顧客サイトに適用される。16メガビット/秒と25メガビット/秒のアクセス・クラスは、個々の閉じた利用者グループの部分のみに提供され、トラフィック接続認定料金に従うので、2メガビット/秒と10メガビット/秒のアクセス・クラスのみに基づいて見積もっている。見積りを行うための詳しい内容のわかっている189サイトのうち、121サイトはSMDSのサービスポイントから25km以内に位置しており、52サイトは25kmを超えていた。16サイトは郵便番号もないか、誤ってつけられた郵便番号もなかったので、それらは平均して67km（25kmを超える52サイトの平均距離）の距離にあると仮定し、全体で68のサイトが25kmを平均42km超過するものとした。結果として、2メガビット/秒、10メガビット/秒のアクセス・クラスの経費見積りは、次のとおりになった。

2メガビット/秒のアクセス・クラス
　接続料金＝9000ポンド×189サイト＞＞170万ポンド
　年間レンタル料金（25kmまで）＝1万6000ポンド×189サイト＞＞300万ポンド
　25kmを超えた追加料金＝68サイト×42km×1580ポンド/km＞＞450万ポンド
　年間レンタル料金の合計＝300万ポンド＋450万ポンド＞＞750万ポンド

10メガビット/秒のアクセス・クラス
　接続料金＝3万3000ポンド×189サイト＞＞620万ポンド
　年間レンタル料金（25kmまで）＝5万5000ポンド×189サイト＞＞1040万ポンド
　25kmを超えた追加料金＝68サイト×42km×1580ポンド/km＞＞450万ポンド
　年間レンタル料金の合計＝1040万ポンド＋450万ポンド＝1490万ポンド

4.86	この経費見積りは、予算計画のためだけのものであり、また付加価値税を除外していることに注意しておく必要がある。より詳細な内訳を出す仕事は、英国図書館ネットワーク準備の入札過程の一部として行われよう。
4.87	また、この経費見積りは、189の地方のネットワーク・サイトそれぞれに必要なルータや、付随するSMDSカードといったハードウェアの費用を含んでいない。そのために、接続のための40万ポンドや、10メガビット/秒のサービス・レンタル料金640万ポンドの引当額が全体の資金提案の中に組み込まれた。
4.88	SMDSのサイト当たりの典型的な帯域幅は、0.5から2メガビット/秒であり、このサービスはデータ・アプリケーションのみをサポートしている。それはローカル・エリア・ネットワークのトラフィックや、割合多くのサイトにとって理想的である。しかし、サイトをまとめた帯域幅がおよそ5メガビット/秒、あるいは急速に増大しているような所では、上で述べた10メガビット/秒のサービスと比べて、ATMネットワークがより費用対効果の高い解決法になるだろうし、それにイントラネットのトラフィックと並行して、音声や映像のようなリアルタイムのアプリケーションを提供できる。
4.89	下の図は、189サイトのうち四つのサイトを接続するきわめて単純なモデルを示している。各サイトは、SMDSの"雲"と単一の物理的接続で、理論的には、雲に接続された他のどのサイトとも通信できる。SMDSは、閉じたユーザー・グループを形成するために、出入りするアドレスをふるいにかけ、そのことによってセキュリティを維持している。

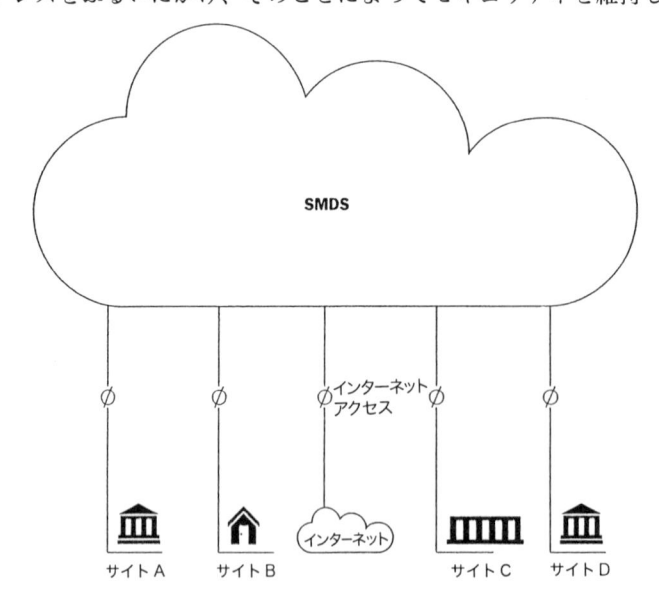

4.90	SMDSは上図で示したように、広範囲のインターネット・コミュニティへ、そしてインターネット・コミュニティから、高速にアクセスできるゲートウェイをすでに顧客に提供しているが、こうしたインターネット・アクセスのための経費は含まれていない。

4.91 全部の図書館行政体ネットワークをつなぐ"ネットワーク"を提供することに加えて、SMDSは、下図で示すように、"ネットワーク"をSuperJANETなどの学術ネットワークのような他のイントラネットに接続する能力を有している。

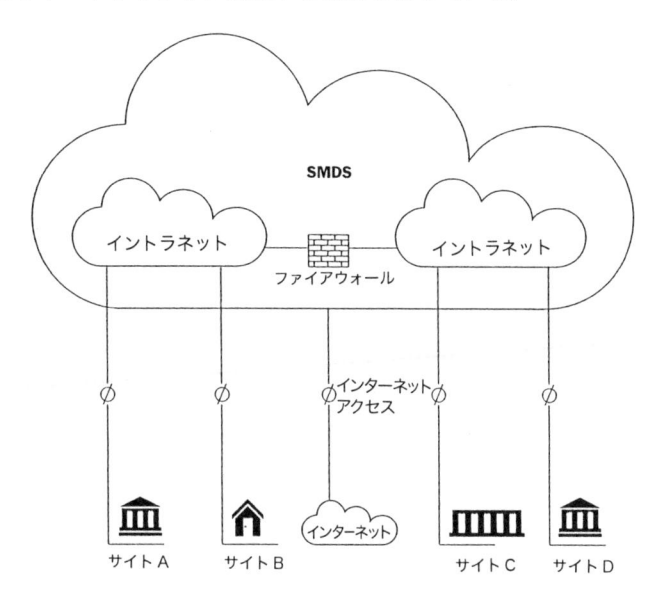

4.92 二つ以上の顧客のイントラネットが結合する所では、"エクストラネット"として知られるようになってきたものが形成される。もう一度いえば、SMDSのような雲状のネットワークの導入は、少なくともネットワーク・レベルで、既存のシステムの統合過程を単純化できる。"新しい"サイトは単一の物理的接続を利用し、この雲に接続するだけで、その他のすべてのサイトとの相互接続を確立できる。相互接続性がハードウェアよりもソフトウェアによって変更されるという事実は、接続が迅速に確立でき、組織の物理的・論理的な再構築に応じて変化できることを意味している。

参照文献

Information for All (1996). *Millennium Libraries: A National Public Library Network.* Cambridge: Information for All.

CIPFA (1995). *Public Library Statistics: Actuals 1993-4.* London: CIPFA.

第5章 投資と収入

はじめに

5.1 英国公共図書館ネットワークは、資金調達方法を組み合わせて、ネットワーク基盤の開発や、ネットワークの運用と管理、コンテンツの製作、そして新しいサービスの展開に関連するさまざまな財政上の要望に応える必要がある。中央政府は資金調達の役割を果たすことが必要だが、他の事案の優先順位や公的支出に対する圧力を考慮するならば、さまざまな財源をできる限り広く利用し、他の公的機関や民間部門との、部門を越えた協力や連携をできるだけ増やすよう努める必要があろう。

5.2 考えられる資金源として次のものがある。
a. 地方および全国での民間部門との協力
b. 中央政府／全国宝くじ
c. 中央政府と、図書館行政体を含む地方自治体の協力
d. いくつかの付加価値サービスによる利用者からの収入
e. 潜在的なパートナーとして考えられる他の多くの図書館、例えば、
　ⅰ．継続教育基金審議会（FEFC）、高等教育基金審議会（HEFC）が資金提供する継続教育、高等教育の図書館
　ⅱ．学校図書館、これは制定法に定められていない
　ⅲ．民間部門、公共部門、任意団体の専門図書館

5.3 資金源は、逆にいえば、それ自体がふさわしい調達方法を決める。例えば地方の資金を、核になる中央のネットワーク基盤に調達することはきわめて困難である。

5.4 ネットワークの展開は、公共図書館サービスの新しいビジョンや、それを支える中心となるねらいや価値、特にアクセスの平等性という重要な原則によって、特徴づけられねばならない。そのゆえに、財政的観点だけを考慮した一時しのぎの解決を避け、戦略的枠組みの中で、短期、中期、長期の目標に結びつけていくことが必要である。

5.5 デジタル資源への人々のアクセスを最大化し、誰も取り残されないこと、排除されないことを保証する体制を実現するために英国流の問題解決が求められている。この解決法では、アクセス・サービスのためにすべての図書館に皆で決めた最低限必要な基盤資金の確保を行う必要がある。さらに、ローカル、リージョン、英国、ヨーロッパのレベルでの他の資金調達機会を知らせ、調整し、普及し、促進し、奨励するという活動に重点が置かれることになる。それは、協力の機会をできるだけ多くつくり、本来的なサービスの維持にも同様に寄与

する付加価値サービスの開発を、革新的で想像力にあふれた方法で促すだろう。

5.6 提案したネットワーク・サービスの提供が公共サービスとみなされず、民間部門にゆだねられれば、情報の流れが商業目的のためにコントロールされる危険がある。図書館員は、場合によって、利用者がさまざまな民間部門のいくつもある情報源から一連の情報を利用できるようにする、公平な仲介者として活動しなければならない。

5.7 最初の仕事は、現在のネットワーク基盤とサービスの項目と内容の確認を行い、何がすでに実施されているか、何が現在計画中か、何の需要が高まっているかを理解しておくことである。その後で、計画の構成部分となる次の事項に沿って議論を進めよう。

 a. 図書館やその他の場所にあるコンピュータ端末をまとめている図書館行政体ネットワーク。主に図書館を結び、インターネット上の情報にアクセスするだけでなく、教育用ソフトウェアのような端末限定のツールや新サービス（(b)を見よ）へのアクセスも提供するためのもの

 b. 図書館が作成したコミュニティ情報サービスのインターネットのウェブ・サイト上での提供。家庭からのアクセスも想定する

 c. すでにインターネット上に存在する定期購読サービスを購入し、図書館利用者が利用できるようにすること

 d. インターネット上で、中央政府、地方自治体、公益事業および（または）直接販売の特定の業務の機会。図書館行政体が選択したサービスのみ

 e. 技術的な形態は問わないが、利用者を一人一人識別し、またおそらくは上記の利用のいずれか、あるいはすべてに対して課金する図書館カードの発行

5.8 中央組織は、次の任務を命じられる。

 a. 全英の管理ネットワーク・サービスの仕様を決定し、調達し、監督すること
 b. 図書館行政体のネットワークに対するサービス水準と接続指針を規定すること
 c. ネットワークの構築基準を設定し、状況を監視すること
 d. コンテンツ調達の調整と製作についての指揮
 e. 実行計画全体の推進（変更管理、訓練、支援を含む）
 f. PCのような標準的な構成部品を、基準となる条件で地域調達できるようにし、各地域が当該グループ全体の購買力から利益を受けるように調整すること
 g. 英国全体におけるサービスの公平性を保証すること
 h. 図書館行政体に対する開発資金の分配を調整すること

5.9 次の表は、想定されるさまざまな要素に最も適切な資金源の例示である。
注：“中央”は既存もしくは政府の新しい実行計画、あるいは助成金や宝くじの資金を意味している。

要素	資金
公共図書館ネットワーク機構	中央
コンテンツ	
商用（購入／ライセンス契約）	中央で交渉、地方で調達
コンソーシアム調達チーム	中央
行政・公共情報	中央／協力関係
図書館／図書館＋協力機関の製作物	中央、地方および協力機関の資金（教育部門／通産省／政府、情報提供者としての地方公共団体）
貴重書と特殊コレクションのデジタル化	中央／地方／協力機関
インターネット	
ゲートウェイ	中央／地方
接続	中央／地方
情報の共通基準	中央
訓練と育成	
訓練計画管理	中央／地方
ネットワーク上のコース：提供と認定	中央
職務免除	地方
地域の訓練報奨資金	中央
ネットワーク基盤	
英国"バックボーン"ネットワーク／公共図書館ネットワーク（PLN）	中央／協力機関
PLN標準に対応した地域の図書館ネットワーク、＋関連キット	中央／地方あるいは中央／地方／連携機関（メトロポリタン・エリア・ネットワーク、目録に対する分散アクセス等は開発中）

財政的手段

5.10 情報通信技術プロジェクトの資金調達は、原則として次に示すさまざまな形を取るであろう。

PFI: Private finance initiatives（民間活力導入施策）

　　　　（[訳注] 社会資本分野に民間資金を導入し、その設計、資金調達、建設、運営などの全部または一部を民間企業に委ねるもの。具体的には、公的部門の中で、社会資本を計画する部署と請け負う部署とを分立させ、後者を民間企業と競合させる。用語集も見よ）

5.11 民間部門に広く開かれる可能性を考慮し、PFIの見通しが設定されよう。次のようなケースが、よく適合する。

　　　　a. 営造物の全体、あるいは一部を民間部門が建設し、運用する、そして、管理された設備と

して図書館行政体に売却した上で賃借するケース

b. 民間部門は情報通信技術設備、すなわちキットとネットワーク・サービスだけを運用する、そして手数料を徴収し、その設備を図書館行政体、あるいは一群の図書館行政体に賃貸するケース

5.12 情報通信技術への埋没投資あるいは引当額の規模やタイプがどうであれ、特定の契約年限にわたり、開放通信標準と、適切な訓練と、運用そして保守義務を指定のレベルで供給するサービスの資金を調達するPFIプロジェクトの活動領域がある。適当なリスクを民間部門に転換すればするほど、公共部門の組織よりも民間部門の企業に経費が多く渡されるが、民間部門が技術、サービスの柔軟性、リスクの面でよりよい管理を実現するので、契約の全期間にわたるバリュー・フォー・マネーが高くなり、その方が優れた結果をもたらしそうである。図書館利用者が契約で明記されたサービスを得ることができるのであれば、図書館行政体がサービスを提供するためのハードウェアを所有しなければならないという明白な理由は存在しない。

5.13 資金調達のどのような組み合わせも、もし資金源の一つが突然なくなる場合にはサービスの維持を保証する仕組みが必要である。

中央政府の資金

5.14 可能性としては助成金融資（返済がいらない）、貸付融資（定められた期日と金利に従って、収入から返済を行う）、さらにある種の着手援助（基準額以上、営利収入の比率に従って返済を行うが、もし営利収入がその基準額に達しなかったら返済は行わない）として、中央政府の財政援助が利用できるだろう。しかし、この最後の選択肢は、よりうまく行っている事業を不利なものにすると思われる。また英国公共図書館ネットワークの全国学習網の中で演ずる重大な役割ゆえに、全国学習網のための財政支援は学校だけでなく公共図書館もその範囲としている点は見落とせない。

5.15 図書館行政体にとって重要な問題は、投資プロジェクトが持続し得ると判断できるかどうかである。中央政府にとって肝心かなめの問題は、初期のプロジェクトからある形の利益を求めることが、後の開発に財源を還付するのに役立つかどうかである。

5.16 交付基準によって、資金は次に基づいて措置される。

a. 定式に基づいて（サービス対象人口1人当たり、あるいは地域の図書館ネットワークの大きさに基づく）

b. 課題に基づいて（例えば、コミュニティ情報のための最もよい、新しいコンテンツの提案。いってみれば、図書館行政体および（または）その他の組織との間でさまざまな協力関係を促すもの）

c. 地理的条件の配慮に基づいて（都市・地方という要因）

宝くじの資金

5.17	中央政府が宝くじ資金の受領する資格と交付について適切な基準を設定すれば、全国宝くじの資金は確保できるだろう。図書館や学校などを情報スーパーハイウェイに接続する資金が、2000年以降、ミレニアム基金に取って代わることも考えられる。
5.18	ここで注意すべき特殊な問題は、宝くじの資本投資の運用経費をカバーするために、適切な資金を準備しなければならないことである。
5.19	これに対処する一つの方法は、宝くじ基金の助成金に頼ることであろう。その場合、資金を投資し、その収益としての利子を、例えば職員の経費などを支払うために利用できる。
5.20	現在のところ、図書館はその基本的な活動については、宝くじ資金を得る資格がないことに言及しておかねばならない。この目的で宝くじ資金を利用するためには、次のどちらかで政府の介在が必要である。 a. 適格性の基準を変更する。あるいは、 b. この開発が、図書館の現在の役割を大きく拡張するものであり、それはもはや本来的な活動と見なされず、宝くじ資金の規定に該当するものであると認める。

地方自治体の資金

5.21	地方自治体は、同様に、債券発行の許可（地方公共団体が市場の資金を借り入れるのを中央政府が許可する）を得ることによって、資金調達に貢献するだろう。基本債券が許可されればさまざまな目的で利用できる。また追加債券の許可は、資金が特定の用途に使われるという条件で利用できる。
5.22	債券発行の許可は公的支出として記録され、公共部門所要借入額（PSBR：Public Sector Borrowing Requirement）に影響するので、中央政府は全体的な財政状況を検討することになる。この総額で、中央政府がある見解を押しつける場合（おそらく、特定タイプの投資プロジェクトへの資金提供により高い優先順位を与えるために、債券許可額に対する一定の天引き）を除き、地方公共団体は自分の優先順位に関して裁量権を行使できる。

新しい情報プロバイダー

5.23	特定の利用者に手を差し伸べることが求められている新しい情報プロバイダーがいる。職業訓練・企業委員会（TECs）と企業開発機構には、例えば、小さな会社に輸出の仕方の要点などを教えるために、大量の公的資金が与えられてきた。公共図書館は、これらのエージェンシーに役立つ情報獲得のチャネルを提供するものと考えられており、すでに英国のある地域では協力関係ができあがっている。図書館は、情報仲介者とサービス提供者という役で活動し続けることができる。それは、図書館サービスと図書館資源の利用を支援・提供するという、図書館の中核的任務の自然な拡張であるし、公共の知識ネットワークの重要なノードとしての図書館の基本的な位置を再確認することになる。

営業許可

5.24 職探しのようなサービスが、図書館ネットワークを使って追加的なサービスを行うことのできる許可業者によって図書館内で提供されるという状況が想定できよう。これがうまくいくのは、施設利用の見返りに、週のうちかなりの時間は特定のカテゴリーの顧客に無料で提供し、それから先はサービスに対して課金するというやり方である。企業に図書館ネットワーク上でサービスを宣伝することを認めることによって付加的な収入が生じるかもしれない。こうした例は、本来的なサービスの維持を助けるために、いかにして付加価値サービスが展開されるかを示している。

5.25 明らかに、このような展開の費用便益は、地域の事情に依存する。これらのものはどの地域でも実行できるわけではないし、中核的な資金獲得の活動に取って代わるとみなしてはならない。しかし、例えばコンソーシアム・アプローチや、ベスト・プラクティスの促進モデル等を通して、可能性が存在するか、推奨されるようなところでは、このような協力関係が、ネットワーク・サービスの利用という基本的なレベルの活動を支援し維持する貴重な資金を提供する。

その他の資金獲得の機会

5.26 中央政府にとって経費配分を左右するのに法令や規則という手段が利用できるという点も、注目する価値がある。例えば、国家機関の会議でとりあげられた議題や議事録、そして政府刊行物の記録にウェブ・サイトを通じてアクセスすることが公共の利益になる場合には、そうした記録を電子形態で図書館に納本させる法律を制定することで、それらの機関が効率的に内部補助することができよう。これは、地方自治体の会議録、刊行物についても同様であろう。

5.27 事業免許の条件として、鉄道・バス会社に、時刻表と運賃表を図書館に電子形態で寄託することを求めることも可能だろう。市民がこの情報を簡単に利用できるようになれば商業的利益が得られるので、これについて規制の必要はなくなるだろう。最近の総選挙の選挙運動期間中には、電気通信企業が、営業免許の条件として、図書館と学校に情報スーパーハイウェイへのアクセスを提供することが求められたという話題もあった。こうした要件設定が、英国政府の幅の広い情報政策を支えるものとなるかもしれない。

知識提供の財源

5.28 図書館部門がインターネット上で情報や資源を表示するために作成するウェブ・サイト構築のための資金を確保する問題は、ネットワークの中核的な資金調達活動とは大きく異なる。重ねていえば、さまざまな資金調達の仕組みがあり、それらはすべて次に当てはまる。
 a. 中心となる設備一式をそろえるための中央における資金調達
 b. 設備が整っていない図書館を最低限のレベルまで整備するための共同管理資金
 c. 特に革新的な提案を推し進めるための（おそらくは全国宝くじによる）先導的資金

5.29 図書館がウェブ・サイトの情報の知的財産権を所有し、適当な場合には著作権を設定しておくことが重要である。この領域でPFIプロジェクトを考えられるとするならば、一定の価格

およびその他の条件で利用できるという許可期間（その期間の終わりには、資料の完全な所有権は図書館に譲渡されなければならない）と引き換えに、著作権の設定は重要な資料や貴重な記録文書をデジタル化することに限定されよう。だが、このDBOT（設計（design）・構築（build）・運用（operate）・譲渡（transfer））の全体をカバーするPFIの手法ですら、図書館の仕様に合わせたウェブ・サイトを構築し管理する（固定価格の）契約を民間部門の企業と交わしたとしても、図書館行政体がプロジェクトの全体を所有し管理する、完全な公共部門のアプローチに比べると、満足のいかないものかもしれない。

5.30　構築のための元手の経費だけではなく、絶えず確実にウェブ・サイトを最新に保つ財源の経費も考慮する必要がある。

5.31　公共図書館ネットワーク機構が、ウェブ・サイト構築の公開標準に関する手引きを発行するのが適切である。サイバースキル協会（Cyberskill Association）が採用しているものが一つのモデルになるだろう。協会のサイバースキル交換（Cyberskill Exchange）は、標準的なアーキテクチャー、共通のルック・アンド・フィール、そして次のものを提供するためのツール一式を会員に提供している。
　a．探索
　b．情報"ライブラリー"の保持
　c．ディスカッション・フォーラム
　d．会議
　e．レポート
　f．支払い請求サービス

5.32　サイバースキル交換はさらに、"情報ハブ"を運営している情報管理者のコミュニティのために支援グループを派遣し、ベスト・プラクティスに関する助言と指導を行っている。

購読サービスへのアクセス権取得

5.33　利用条件が設定されているか予約購読料の必要な、種々のインターネット上の情報源に、印刷物と同様にアクセスすることを望むさまざまな図書館利用者がいると思われる。例えば、ある学生は経済雑誌へのアクセスを要求するかもしれないし、『ニュー・サイエンティスト』の過去の号を使う多くの一般利用者がいるかもしれない。課金するかどうかは別として、図書館行政体は、通常の図書館業務の一部として、利用者のためにこうした購読サービスへのアクセス権取得を選択することがある。

5.34　その場合、明らかに要請されることは、一括購入が適切なら、まさにその最良の条件で協定するために、全国計画が購入コンソーシアムを形成することである。英国人口に占める図書館利用者の比率（58％）を考えると、このコンソーシアムの購買力は相当なものになるはずである。

5.35　課金が適切であると判断する地域にも柔軟に対応しつつ、一貫したアクセスのポリシーが必

第5章 投資と収入

要である。しかし、そのためには、ある図書館行政体は課金し、ある図書館行政体は課金しないという状況に対して、アクセス平等性の原則との折り合いをつけておく必要がある。

ネットワーク基盤の資金調達

5.36 この章は第4章の勧告に基づき書かれている。すなわち、
a. 中核となる"バックボーン"サービスを提供する、英国唯一の管理ネットワーク・サービス
b. 既存の図書館行政体ネットワークへの標準接続
c. 既存のネットワークとアクセス装置の性能向上が図書館行政体に必要な場合、それを助成するための中央の資金

5.37 さまざまな図書館行政体が、情報通信技術への種々の埋没投資を負って出発することになる。地方自治体の他の部署にまでリンクづけをし、その地域のすべてでないにしても大部分の図書館にサービスを提供している、うまく開発された内部システムを持つ図書館行政体もあるだろう。こうした図書館行政体に必要なのは、ネットワークをすべての図書館にまで拡張し、インターネットに対するある種の外部ゲートウェイを導入し、通信リンクの帯域幅をより適切な公開標準にまで拡大し、および（または）不正侵入を防止するため、ネットワークの公開部分と私的部分の間にセキュリティのためのファイアウォールを設定することだろう。他の図書館行政体では、情報通信技術の埋没投資はほとんどないかもしれない。そしてその地域のネットワークには十分な性能向上が必要になろう。

商取引

5.38 図書館が、利用者のインターネット上での商取引を認めたいのであれば、二つの大切な要件がある。
a. 利用者の、自分は誰であるという主張の確実性を高め得ること、すなわち、図書館が悪意の不実表示に加わっていないことを保証すること
b. 利用者は取引の費用の支払いができるし、それをいとわないという条件を満たすこと
これらについては、以下でさらに議論する。

5.39 図書館にとって商取引に関わるもう一つの機会は、さまざまなオフライン利用のために適切なソフトウェアを提供することであるかもしれない。典型的な趣味のための利用には、家族史、園芸、CADやファイナンスのソフトウェアが必要だろう。放課後や休日の児童教育、あるいは生涯教育プログラムのためには、さらに多様な範囲のソフトウェアが必要になる。ある図書館は、ビジネス・アプリケーションを提供するという選択をするかもしれないが、それは任務を越えていると見なされる可能性があるし、商業ベースで中小企業にサービスを提供している地元の会社に強い影響を与えるかもしれない。あるいは、これが民間部門との協力関係のためのもう一つの可能性のある領域であるともいえる。

5.40 反対側に立っていえば、図書館がインターネット・ビジネスを行う許可を得ているサービス提供業者から、例えば株式や公債の売買の手数料収入を得ることができるかもしれない。最もよい手数料率を手に入れるためには、コンソーシアムの交渉が必要になることもあろう。

5.41 こうした営利サービスを提供するかどうかを決定するにあたって、図書館はそうしたものが通常の商行為に対して持つ影響を考慮する必要がある。もし図書館が公共サービスという役割の境界線を踏み越え、地元の企業と競合しているとみなされれば、物議をかもすだろう。いずれにせよ、図書館行政体は、かれらが反競争的行為によって地元の企業の可能性を台無しにしないと保証する必要がある。

図書館カード

5.42 図書館カードは現在、いくつかの重要な機能を果たしているが、スマートカード技術を利用することによりさらに高い機能を持つ。それには、次のような記録が含まれる。
 a. 利用者情報
 b. 借出資格
 c. 貸出中の資料
 d. 利用できる設備の使用資格、つまりアクセスのレベル、無料か有料かなど
 e. 図書館設備の承認済みの利用料金
 f. 裁量特典、例えば、児童や60歳以上の人のためのもの
 g. ウェブ上の、承認済みの商取引
 h. 居住状況、すなわち地元の問題や中央で行われる住民投票、あるいは選挙投票を電子的に行う可能性を与えるもの。こうしたサービスは現在のところ存在しないが、将来的には考えられる

5.43 身分確認を行う場合、中央政府が提供するスマートカードが導入されれば、図書館がそれを利用することもできる。それがうまくいかない場合や、開発されるのを待つ間は、図書館カードを館外帯出者に発行する時に現在行っている手続きに従う。

5.44 一つの解決法は、図書館が、社会保障給付金で使われる予定（失業者の職探し支援などの重要なサービスに、対象となる一定のグループが優先的に、あるいは無料でアクセスできるようにする）の、すでに流通しているスマートカードを利用することだろう。あるいは、テレフォンカードのようなプリペイドカードの形もあり得る。

5.45 もう一度いえば、図書館カードの発行と、生じた負債支払いのための債務証書の共通基準作成に、図書館行政体が同意すれば効果が期待できる。これは、本拠地を離れた専門職や、あるいは休暇中や親戚を訪問している一般市民のいわゆる地域外のサービス利用を促進することになる。

5.46 サービスの課金については、詳しくは5.55から5.60のパラグラフを参照すること。

調達

5.47 すべての調達は、最善のバリュー・フォー・マネーを確保するために、公開入札を通じて行われる。ヨーロッパ委員会（EC）の調達指令は、18万500ポンド以上の契約は、『ECジャーナル』（*EC Journal*）で公示することを求めている。

5.48 公共部門における通常の原則がすべて適用される。契約を結ぶ職員には、妥当性や正規性、それに最善のバリュー・フォー・マネーが得られていることを説明する責任があるし、入札にかける厳密でかつ望ましい利用者仕様、適切な程度のリスク転嫁、固定価格または報奨付き契約の範囲、そして契約条項またはプロジェクトの主要管理点についての不履行がもたらす違約金について、あらかじめ考慮しておく必要がある。

情報通信技術プロジェクトのリスクと報奨の管理

5.49 PFIプロジェクトでは、民間部門はプロジェクトの技術的・商業的リスクの双方を引き受けるが、相応の見返りも期待する。提供業者はたいてい、取り組むプロジェクトの設計、実施、運用、維持、そしてそれを最新に保つために必要な技術の更新にも責任を負う。

5.50 多くの契約は、システムがいかに使われているかに基づいて提供業者の報奨を規定している。もしシステムが予想されたほど使われなければ提供業者に違約金が課せられるが、それが予想以上に使われているなら特別な収益が得られるように、その単価と使用水準の間の正当なバランスを取り決めることが重要である。

5.51 どんなPFI契約でも重要なのは、両者が初期の段階で営利的な取引に共通の理解を持っていることである。どちらの側も、相対する他者の立場を費用配分に応じて了承すべきである。もし何かがうまくいかなかった場合には誰が費用を負担するかを明らかにしておく必要がある。

5.52 技術や用法、それに法規変更の影響を受けやすいものを含む、すべての領域をカバーするリスク一覧が双方で了解されていなければならない。この一覧は、それぞれのリスクに対し、誰が責任を取るかを決めておかねばならないし、双方はいかにしてリスクを最小化して管理するかについて合意しなければならない。もしも、あまりに多くのリスクが提供業者に委ねられると経費が高騰するかもしれないので、ちょうどよいバランスをとる必要があろう。

5.53 どのように契約が管理されるかを監視し、継続的に点検を行う手順が必要である。これもまた、初期の段階で決めておかねばならない。仕様条件の変化や新しいアプリケーションが必要になる場合にはどうなるのかを明らかにしておく必要がある。

5.54 契約期間の終わりに何が起こり、誰がどの資産を所有し、いかにして契約が再入札されるかをはっきりさせておく出口戦略も定めておかなければならない。

課金

5.55 ネットワーク・サービスに対するアクセスは、図書館がサービス提供業者に支払いをしなければならないにしても、利用の際には無料で提供するか、あるいは利用者に課金することになる。この重要な問題は、原則的にはこの段階では決定できない。なぜなら、公共部門と民間との協力関係が絡んでいる場合は特に、英国公共図書館ネットワークの資金源に関係するからである。

5.56	この原則を理由づけ、かつ特徴づけるいくつもの重要な要因がある。

  a. サービスの受渡地点における（規定されたサービス水準に対する）無料アクセスの原則は、どの水準の課金が適切かというよりもむしろ、どのようにそのサービスは賄われるべきかという問題を提起する。

  b. 新しい情報通信技術はこれまでになかったリテラシーであり、この技術の利用の機会が与えられて、活用する知識を身につけ熟達した者たちが成功に満ちた明日のコミュニティを形成する。

  c. こうした利用機会が提供されなければ、人々は、発展しつつある知識に満ちたこの世界から閉め出され、情報経済の中で生き残りやりとげる能力を大幅に減退させてしまう。それは、社会的一体性・排除や、地域社会と地域経済への影響、そして情報富者と情報貧者の間のギャップが拡大するという問題に波及する。

  d. 逆に、英国公共図書館ネットワークの中に無料アクセスの許容範囲を設けることは、

   ⅰ．国内におけるアクセスの基本的平等を保障する。

   ⅱ．人々が新しい情報通信技能を獲得しそれを利用して、発展しつつある情報化社会により迅速に適応するために必要な文化変革を促すための英国の行動基盤をもたらす。

   ⅲ．ネットワーク基盤に対する投資を正当化するために必要な利用者の量（クリティカル・マス）を、きわめて速やかに形成する。

   ⅳ．議論をボトル・ネックから、ボトルの中身へと移行させる。ネットワークの未来は、技術の中にではなく、利用できるようになるコンテンツとサービスの中にある。

5.57	国の技能基盤に投資すれば、コンテンツを求める要求を高め、コンテンツに必要な専門的技能を発展させる。進展しつつある情報通信技術のグローバルな性格を考えると、このことは、英国が市場の優位性を獲得し、よりゆるぎのない国の未来を形成するのに役立つであろう。あらゆる課金はアクセスの障壁として働く。それは、最終的な変化の方向には影響しないが、変化の速度に影響を及ぼす。アクセスの境界をどこに設定するかは、国が情報化社会に向けた飛躍的発展（量子飛躍）を遂げるか、単に音速の壁を破るだけかを決定する。

5.58	法的な体系の変更が必要かもしれないが、受渡地点で無料サービスの範囲を設定することにより、本来的なサービスを支援し維持するための収入をもたらす付加価値サービスの開発が注目されるようになる。例えば現在、図書を借りるのは無料だが、CDやビデオを借りるのにはお金が要るように、図書館の小説は無料でも、企業のための付加価値サービスは課金されるようになるかもしれない。商業データベースへのアクセス、休暇の予約、あるいは企業に図書館のウェブ・サーバー上の"仮想"空間を貸し出すことも利用者に課金できるだろう。

5.59	この枠組みの中で利用に応じて課金することは、平等なアクセスという原則を危うくすることはないだろう。当初資源が限られているうちは、簡単な調節メカニズムとして"無料"サービスへのアクセスに時間制限をとってもよい。

5.60	他の公共・民間部門の団体との協力は、付加価値サービスの開発に関してだけではなく、利用できる資源から最大限の利益が引き出せるようにするという点できわめて重要である。

例えば、既存の地域的な情報通信技術資源を統合ネットワークの開発へと向けること、規模の経済を実現すること、経費分担、資源の共有、専門的技能の共有などである。公共・民間部門の協力関係の例はいくつか、すでに上記において概観している。いずれも（潜在的には）地方の適用例だが、効果的な協力やベスト・プラクティスを活用できるようにするこれらの調整を促すために、全英のレベルでも多くのことが実施できる。

収入の潜在的可能性

5.61 提案している投資は、結果として、経費のいくらかを相殺し、サービスの改善や多角化に使われ、収入を生む可能性がある。それには次のものが入る。

　a. ネットワーク基盤を活用し、商業ベースで提供される新しいサービス
　b. スポンサーと広告料金
　c. 専門的訓練のための課金。これは協力関係を通じて提供されるかもしれない
　d. 商業組織がネットワーク基盤を利用できるようにすること、例えば、図書館ネットワーク上の空間を"貸出す"こと
　e. 本計画によりデジタル化の資金が提供されるコンテンツを商業利用する際の課金。これは英国のコンテンツとサービスを世界規模の輸出品として売り出そうという大きな可能性が描かれている
　f. 電子サービス提供のための中央政府からの収入

5.62 こうした可能性の価値を定量化する試みは、まだ行われていない。

第6章 著作権とライセンスに関する問題

はじめに

6.1 英国公共図書館ネットワークの成功は、ひとえに、ネットワークを通してアクセス可能な資料（"コンテンツ"）を十分に確保できるか否かにかかっている。同様に、コンテンツの著作権者（出版者などのライセンス保持者を含む）が、ネットワーク上のデータベースとしてコンテンツの搭載を商業ベースで同意するかどうかにもかかっている。

6.2 たいていの場合、コンテンツのデジタル化と図書館ネットワークへのデータベースとしての搭載、およびそれに続く利用者によるアクセスは（およびおそらく複製も）、著作権者からの許諾を要することになる。時には、著作権者との比較的簡単な交渉によって、許諾を得ることができるかもしれない（6.29、6.30参照）。しかし、多くの場合では、許諾の取得はかなり困難であろう。

6.3 この許諾は、ライセンスの形で与えられる。できれば、標準的なライセンス、すなわち著作権者との交渉項目を前もって設定している一組の標準的なライセンスが望ましい。種々の関係団体によって、このことを前進させようとする取り組みが多く行われている。

6.4 たいていの著作権者は、許諾要請に対応するにあたって、主として次の二つの点に左右されるだろう。
a. 現状の、著作権法とネットワークのために提案された権利の管理と行使の手続きによって、権利が適切に保護されるか。
b. ネットワーク上のコンテンツのダウンロード許可に対して、かれらが満足できる収益が得られるか。

6.5 著作権者を代理する交渉相手が誰か、また、その者には必要な権利を付与する権限が与えられているか、およびその者から保証や損害賠償は得られるかを判断した後に、ネットワーク上のコンテンツを管理する責任を持つ機構は一方で、次の事項を問題にしなければならない。
a. 著作権保護に関連して適切な保証が可能か、また著作権者の権利を保護するために原則としてどのような処置をとるべきか
b. ネットワークは、取り分を要求する著作権者に対する収益を提供するために必要な集計機能を備えているか

6.6 英国の公共図書館部門は、一定の特典を受けている（6.23参照）。これらの特典は、電子的な領域に手軽に持ち込むことはできないが、英国公共図書館ネットワークと著作権者との間の

公平なバランスを考える際に看過されるべきではない。

ネットワーク上の権利の保護：
著作権の現状

6.7 この領域における英国法、すなわち1988年（修正）著作権、意匠および特許法（Copyright, Designs and Patent Act）は他の多くの国々のそれに比較して、かなり先進的なものである。それは、文学作品、脚本、音楽作品あるいは美術作品の複製は、"電子的手段によるいかなるメディアへの著作物の蓄積"を含むことを規定している（ただし、録音資料と映画は除外している）。また、(17条において)"一時的あるいは著作物の転用に付随する複製物"の作成を含むいかなる種類の著作物の複製についても規定している。したがって、"電子的複製"と"デジタル化"の両者とも複製の概念に含まれるのである。

6.8 それゆえに、正式に許諾を得ていない資料の電子的複製、あるいはネットワークを通じてアクセス可能なデータベースから引き出したもののコンピュータへのダウンロードは、"公正使用"（fair dealing）および権利侵害に関する他の例外規定（6.23参照）はあるとしても、英国法の下で著作権を侵害することになる。また、画面からこうした資料をプリントアウトすることも著作権侵害となる。

6.9 同様に、電気通信システムによる、つまりネットワークによる著作物の伝送は、一般に著作権侵害とみなされている。

6.10 英国の現状では、法的には、それゆえ
  a. コンテンツを図書館ネットワーク上で運営する機構が、著作権者からライセンスを取得することが求められる。一方、
  b. 著作権者は、英国において権利侵害に対しては原則として救済措置があることを理解したうえで、かれらの所有するコンテンツをネットワーク上で利用可能にするライセンスを供与できることになっている。

6.11 著作権問題は英国内に限られるものではなく、世界的なものであるということを同時に認識しておく必要がある。著作権者は他の国でも権利を持つ。そして英国公共図書館ネットワークがもしインターネットを通じて提供されるならば、世界中の利用者からアクセス可能となり、海外で発生する、または海外の権利に絡んだ権利侵害の可能性が生じる。こうした問題を処理するために、法律を世界的に調整することを目指す多くの先導的な取り組みが行われている。しかし、立法化はなお数年先と見られている。第一歩は、1996年12月に世界知的所有権機関（World Intellectual Property Organization）で合意をみたWIPO著作権条約とWIPO実演・レコード条約への取り組みであった。

6.12 他の分野における同様の先導的な取り組み、例えば出版者協会（Publishers Association）と高等教育基金審議会統合情報システム委員会によって共同開発されたサイト・ライセンス方式（[訳注] 電子的環境における公正使用のガイドライン　http://www.ukoln.ac.uk/services/elib/

papers/pa/fair/）は、著作権者の不安を取り除くために役立つであろう。非営利部門においては、スコットランド文化資源アクセス・ネットワーク（SCRAN; the Scottish Cultural Resources Access Network ［訳注］全国学習網の一環として、ネットワーク上でスコットランドの歴史と文化の関連情報を提供　http://www.scran.ac.uk）が、学校で使われる初等教育用コンテンツを提供するネットワークの構築方法を示している。また、営利部門においては、アクセスとダウンロードに対する課金が設定されている数多くのデータベースの事例がある。

ネットワーク上の権利の保護：
管理上の手続き

6.13　コンテンツの運営に責任を持つこの機構は、次の点について、ネットワーク上の資料利用に許諾の判断が求められる著作権者の不安を取り除く必要がある。

　　a. ネットワーク上で発生する著作権侵害を監視し、把握しだい、当該の著作権者に通知する手続きが適正に行われること
　　b. ネットワーク上の資料の不正複製を抑制するために、適切な措置が講じられること

6.14　抗議が支持され得るケースに対する迅速な行動は、図書館ネットワーク上の著作権侵害を抑制することになる。しかし、誰がこれらの措置を講じるべきかについては、コンテンツ管理機構と著作権者の取り決めによる。

6.15　著作権の行使に費用がかかるのであれば、明るみに出たいかなる侵害に対しても措置を講じる責任があるのは著作権者であることを、コンテンツ管理機構の提案する標準的な使用許諾の一つの条件とすることが推奨される（6.34、6.35参照）。とはいえ、機構側が侵害の危険性を最小化するために実質的な措置を講じることに同意している場合に限り、著作権者はこの方式によるメリットを受け入れるようである。利用者がネットワークを通じて資料にアクセスできる条件をはっきりと示した上で、機構の責任は権利侵害の監視と著作権者への通知に限定することが可能である（6.37、6.38参照）。

6.16　著作権の行使、さらにいえば、不正な複製物あるいは不正な複製の確認という問題を軽視してはならない。他方、現状の著作権法で与えられている保護（少なくとも英国においては）を維持するためのさまざまな実際的、技術的手段も存在している。必要な料金を支払った者や、アクセス権限を証明できるなどの、認められた利用者のみにアクセスを許すための暗号やセキュリティ・キー技術の利用や、COPICAT（Copyright Ownership Protection In Computer Assisted Training ［訳注］英国図書館や民間機関など8機関によるヨーロッパ連合の補助により実施されたプロジェクト　http://www.mari.co.uk/copicat/）、COPEARMS（Co-Ordinating Project for an Electronic Authors' Right Management System ［訳注］ヨーロッパ委員会（EC）のESPRITプロジェクト下に、IFLAなど7つの機関で構成されたコンソーシアム　http://www.bl.uk/information/ifla/copearms.html）、COPYSMART（［訳注］CITEDというモデルによって知的財産権の問題の解決を探るプロジェクト　http://www.cordis.lu/esprit/src/ep20517.htm）、IMPRIMATUR（Intellectual Multimedia Property RIghts Model And Terminology for Universal Reference ［訳注］ECのプロジェクトは1998年に終了し、その仕事を引き継いだ活動を同名の会社が行っている

http://www.imprimatur.alcs.co.uk/）といった電子的著作権処理システムなど、現在数多くの実験が行われている。これらの技術のうちいくつかは今やインターネット上の電子銀行等の営利活動で利用されている。

著作権者は魅力ある収益を受けられるか

6.17　すべてとはいえないにしてもほとんどの著作権者は、資料のデジタル化とネットワークへの組み込みを許すのと引き換えに何らかの収益を求めるものと考えられる。

6.18　公共図書館ネットワーク機構による初期のプロジェクトの一つは、金銭によらない（あるいはきわめて些少なものによる）見返りでよいとする類の著作権者を探すことである。それらは、おそらく公共サービスや非営利部門で見出されるに違いない。そのうちの主要なものは他の図書館になろうが、しかし収入を得ることと同様に大切な公共的アクセスや教育を運営指針とする次のようなグループや団体も入る。
   a. 地域の図書館や図書館ネットワーク
   b. 教育および学術機関
   c. 慈善団体
   d. 博物館と美術館

6.19　これらのグループは、全国ネットワークにおいてきわめて重要な構成部分となる資料の著作権を保有するだろう。ネットワーク上で成立する商取引の展開から収益を期待することもできようが、金銭によらない見返り、あるいは比較的些少のライセンス料によって、これらの団体がライセンス契約を締結する可能性もある（6.21(e) 参照）。

6.20　英国公共図書館ネットワークがコンテンツを集積するには時間を要する。公共サービスや非営利部門の資源から、量的にも質的にも確かなコンテンツを獲得することによって、早い段階において期待に応える十分な量を用意することは明らかに強みとなる。しかし、徐々に視野を広げ、品揃えが豊富な商業的資源からコンテンツを取り込む必要も生じるだろう。

6.21　商業的にコンテンツのライセンスを与えようとする著作権者にとって、ライセンス供与に期待する対価は主として金銭的なものと考えられる。典型的には著作権使用料（ロイヤリティ）の形式をとるが、次の点も考慮に入れるべきである（これらはすべて交渉事項であることを理解すること）。
   a. 資金源からと課金による収入総額によって決定される支払い能力の限度（5章参照）。
   b. 図書館ネットワークが基本的に非営利的なものであること、および教育関係者や学生等のような一定の利用者に無料でアクセスを提供する可能性を考慮したある程度の値引。
   c. 英国の著作権法令のもとで、図書館に与えられている例外規定に関連する値引き（6.23 参照）。
   d. 著作権使用料は継続的な債務ではなく一度限りの料金とすべきであるか、（著作物の新版あるいは改版時のデジタル化には補足的な料金が提案されよう）あるいは料金はシステム上の"ヒット件数"、または他の料金モデル（例えば、プリンタ出力料金や購読契約によ

る支払い）に基づく料金とすべきであるか。
- e. 図書館ネットワークがもたらす営利面での派生的な効果の程度に応じた商業的料金あるいは商業的料金に準じた方式が提案されよう。
- f. 著作物がネットワークに組み込まれた結果として著作権者にもたらされる、例えば周知されるなどの付随する恩恵の可能性は、著作権使用料算定の要素となろう。
- g. 公貸権の枠組みのもとで行われた支払いの先例。

6.22　使用許諾を求めている機構にとっては、すべての価格は交渉で決定されるということが基本的な前提のはずである。営利部門の著作権者から無料あるいは低額の著作権使用のライセンスを得る機会は、これを見逃してはならない。例えば、スポンサー情報を含んだデータベースは、国全体にわたるネットワークに組み込まれた場合の販売促進・宣伝効果を反映して、控えめな金額でライセンスされる可能性がある（上記（f）参照）。

英国著作権法における図書館の特別な位置づけ

6.23　1988年著作権、意匠および特許法では、37条から44条において、所定の図書館と文書館による著作物の複製に関して特別の規定が設けられている。この特別の規定では所定の図書館の図書館員が、他の場合では著作権侵害にあたる、次の行為を行うことが可能となっている。
- a. 逐次刊行物中の論文を複製・提供すること、および（または）、
- b. 出版物の一部分を複製・提供すること

　　ただし、特定の条件が満たされることが前提である。条件とはおよそ、複写請求を行う者が、研究あるいは私的な調査を目的とすることを約束すること、提供される複製は1部のみであること、そして少なくとも複製に要する費用が支払われることである。複数部数の複製は禁止されている。

6.24　電子的手段による、こうした複製、提供、あるいは条件遵守の確認を妨げるものは、原則として何もない。前項であげた条件は、ネットワーク利用者に適用される契約条項に組み入れられようし、ライセンスの特別の"無料"条項に入る。

6.25　インターネットを通じて送信されるときに、複製が1部のみかを確認し、複製を請求する者からの署名した申請を得るといったことには、実際的には無理がある。これらのことはおそらく、現在開発が進められている保護技術（例えば、暗号、セキュリティ技術）の進展状況で考慮されよう。

6.26　6.21で示したように、これらの特別な規定は、適用する著作権使用料あるいは料金に関する、著作権者とのいかなる交渉においても考慮に入れられるべきである。

誰が著作権者の代理となる交渉相手か

6.27　交渉を必要とする著作権者の数はとても大きなものになる。また、それはネットワーク上に取り込まれようとする著作物の数や種類に比例して増大していくことになる。

6.28 各々の著作権者と個々に交渉を行う経費は、費やされる時間をまったく考えないとしても、ひどく高くつく。そこで、次のことが求められる。

    a. 領域全体を代表した集団交渉。これは国中の図書館をとりまとめる調整されたネットワークという考え方では、暗黙の前提となっている（6.32参照）

    b. いかなる交渉も、可能な場合には、著作権者のグループ全体を代表して交渉する権限を与えられた（あるいは与えられる可能性のある）協議団体に対して行うこと。そうした団体の例は、著作権許諾・徴収協会（Authors Licensing and Collecting Society（ALCS））、出版者協会、音楽著作権保護協会（Mechanical Copyright Protection Society Limited（MCPS））である。他の団体も、ネットワーク上への提供資料の性格、それに利用者による利活用の方法しだいでは、交渉の相手方となるだろう。例えば、音楽作品の公演あるいは放送に関しては実演権協会（Performing Right Society Ltd.）、音楽レコードの公演あるいは放送に関するレコード実演協会（Phonographic Performance Ltd.）である。関連法令の修正が必要になるにしても、少なくとも公貸権の要綱にあてはまる図書に関しては、その要綱を、著作者あるいはかれらの財産権に関する交渉基盤として、使用しようという考え方もあり得る

    c. 個別の著作物ごとに権利処理を行う必要性を回避するために、可能な場合には、ライセンスのモデルを一群の著作物に対して作成すること

6.29 集合的なライセンス契約を担当する団体を通じて、著作権者からライセンスを取得したいという要求に対応する方法は数多く存在するかもしれない。ライセンスは、構成メンバー（著作権者）の代理としての団体との間で協定されるか（その団体がライセンスを付与することに正当な権限を持つか、持つようになることを前提として）、その団体が著作権者に勧めるライセンスの方式で協定されるかのいずれかであろう。

6.30 他に比べ非公式な組織化が行われているだけで協議団体が存在しない分野の場合では、その分野を"代表する"団体に注目が集まるだろう。博物館や美術館のケースでは、例えば博物館・美術館委員会（Museum & Galleries Commission）および（または）博物館協会（Museums Association）が当事者となり、博物館と美術館に適用される"モデル的"ライセンス方式について交渉することが可能である。それぞれの図書館や図書館ネットワークの利用のために、同様の契約モデルが開発される必要があるだろう。

6.31 著作権者を探し出すことが困難な、または不可能な資料をいかに処理するかという問題も考慮しておく必要があろう。起こり得る賠償要求からネットワーク機構を免責するのは、そのような資料の複製を望む（もしくは、ネットワーク上でアクセスできるようにしてほしいと訴え、したがって資料をシステム上に載せることによって、第三者が複製することも求める）ネットワーク利用者に対して適用する契約条件であろう。しかし、こうした損害賠償の行使は、費用に比較してあまり効果が得られないかもしれない。この種の問題に対するもう一つの方法は、ネットワーク機構が賠償請求の可能性に関するリスク評価を実施し、そのリスク評価に基づいて、賠償請求に伴って起こる臨時出費を予算に組み入れることである。支払う保険料は十分な補償を行えるだけのレベルに設定されねばならないとはいえ、賠償請求

のリスクをカバーする保険金を取得する可能性を排除してはならない。

誰が交渉を行い、誰がライセンスを保持すべきか

6.32 ライセンス内容の交渉に責任を持つ機構は、提案した公共図書館ネットワーク機構との契約の下で活動するわけだが、ライセンスを保持することになる公共図書館ネットワーク機構とは分離している必要がありそうである（4章も参照のこと）。この分離の目的は、次のような原則に関連している。

　a. ネットワーク上のコンテンツは、ネットワーク運用と第三者との交渉に熟達した専門組織によって管理されるべきである。そして、その団体は営利法人か、（少なくとも部分的であれ）営利目的で運営されるかのいずれかである可能性がきわめて高い。したがって、この組織はネットワークを"所有"する、あるいはネットワーク運営を代行させている公益団体（慈善団体か）とは別組織であることが必要であるかもしれない。

　b. コンテンツ管理機構は、解除可能または期限付き管理契約条項のもとで運営されよう。これに反して、著作権者からのライセンスは（可能な限り）永久的か長期間にわたるべきである（6.35参照）。

　c. コンテンツ管理機構は、破綻する可能性もある。しかし、この機構の消滅はライセンスに影響を与えてはならない。

6.33 この機能の分離が適用されるならば、コンテンツ管理機構と公共図書館ネットワーク機構の間のどんな契約にも、コンテンツ管理機構への管理・運営上必要なすべての権限委譲が含まれることが必要となろう。

契約条件

6.34 前述したとおり、ライセンス契約の条項は価格、交渉の容易さ、透明性の面で可能な限り標準的なものであるべきである。

6.35 ライセンス中にどのような条項を含めるかを決定するにあたって、次の事項は考慮を必要とする問題である（交渉事項であることを承知しておくこと）。

　a. 許諾される権利

　　ⅰ. 当該著作のデジタル化、あるいはもし著作がオンラインでアクセス可能であれば、それらへのアクセスおよび（または）ダウンロードの許可（データベースを丸ごと全国ネットワーク上で利用可能にするライセンス契約の場合には、さらに複雑な条項が必要となる）

　　ⅱ. デジタル化されたコンテンツのネットワーク上への組み込み（あるいは、ネットワーク上でアクセス可能とすること）

　　ⅲ. 利用者が資料にアクセスできるようにする権利と複製を行うことの権利、またそうした権利がどんな状況でもどんな契約条件の下でも行使され得ること（6.37、6.38参照）

　　ⅳ. 資料を営利目的に利用するためのあらゆる付随的な権利

　　ⅴ. コンテンツ上のページから他のサイトへハイパーテキスト・リンクを形成する権利

　b. ライセンス契約の対象となるのはどのような著作か

c. ライセンスの期間、永続的または長期間が望ましい
d. 著作権者から引き出すべき保証、とりわけ次の事項
　ⅰ. 著作権者はライセンスを供与する権限を持つこと
　ⅱ. コンテンツ管理機構がインターネット上で生じる名誉毀損あるいは他の非合法的な表現（不注意による誤りの記述、秘密あるいはプライバシー等への侵害）に関する賠償請求にさらされることはないということ（コンテンツ管理機構はコンテンツの内容を綿密に調べるための時間も資源も持たないので、これらの点に関する保証が重要になる）
e. 上記の保証の不履行に対する損害賠償
f. どの団体が違反行為に対して行動をとる責任を持つか

6.36 公共アクセスや教育目的のタイプの許諾には、特別のライセンス契約モデルが作成されるだろう（6.18参照）。このライセンスには、著作権者の利益ともなる互恵的な条項が入るかもしれない。例えば、地域の図書館ネットワーク、大学のイントラネット、そして博物館や美術館のウェブ・サイトから、全国ネットワーク上のコンテンツへハイパーリンクによるアクセスを許可することなどである。

エンド・ユーザーに関する条件

6.37 著作権者は、エンド・ユーザーに許可されるネットワークのアクセス許可条件に、必ずや関心を持つであろう。それらの条件は、ほぼ間違いなく著作権者に同意を得ておかねばならないし、受け容れられるものでなければならない。そして、ネットワーク接続のために設置されるゲートウェイの設定条項に盛り込む必要がある。

6.38 エンド・ユーザーに適用される条件は、次のような事項がたとえネットワークを通じて通知される場合であっても、契約上で義務づけられる。
a. 使用の条件は、利用者がサービスの受理手続きを行う前に、おそらくサービス受理手続きを行う画面より前に現れる画面で、適切に通知されること、そして、
b. 契約が実質的に存在すること、このためには、利用者からある種の約因（[訳注] 法律的に強制される約束については対価がなければならないとする英米契約法上の概念）が伝えられる必要がある。約因は、返答としての誓約、あるいは支払いの形をとる。返答としての誓約の存在は、当事者間での連絡の記録によって確認されるだろう。

その他の権利

6.39 コンテンツ管理機構が権利を主張できる次のような著作物がネットワーク上に現れるだろう。というのも、それは、ネットワーク運営を目的として生成されるものだからである。
a. 説明用の資料、画面、画面レイアウト、その他同種のもの、これらの著作物の作成を委託されたのが誰であっても、それらに関わる著作権はコンテンツ管理機構あるいは権利を有する他の団体に帰属することを保証できるよう注意が払われなければならない（6.3参照）
b. ネットワーク上の資料を編集する活動は（もちろん、そうした編集行為がライセンス契約によるものであるとして）、データベースを構築することであり、現在、英国において

は完全な著作活動として保護されているものである。それらは、著作活動（編集としての）の範疇に該当する。データベースに関するヨーロッパ連合指令の履行に従えば、おそらくデータベースは指令で示されている新たな保護形式に該当する。繰り返しになるが、誰がデータベースを編集するよう委託されても、発生する著作権はコンテンツ管理機構あるいはネットワーク上での権利を有する団体に帰属させるべきである。

6.40 付言すれば、すでに指摘したように各図書館およびそれぞれの図書館ネットワークも、著作権を付与されるであろう資料やデータベースを構築することになる。それには公共アクセス・教育目的利用の範疇に対する特別な取り扱いが求められる。

第7章 パフォーマンス評価

はじめに

7.1 公共図書館ネットワーク・プログラムに着手するにあたって、システムとサービスの両者を評価のプロセスを組み込んでおくことが必要となる。まずは、それは資金調達とサービス展開の両面で最大のバリュー・フォー・マネーが実現していることを確実にするためのものである。次いで、準備したものが最大の便益が得られる方法で状況に合わせて運用されるように、事業のパフォーマンスを監視し、評価する必要がある。最終的には、ネットワークで結ばれた図書館から何を得ているかという利用者の視点が、実行計画の将来の方向性を決定するにあたって最も重要となる。

7.2 情報資源とサービスの利用数をカウントするという伝統的な方法に加えて、利用調査の進展により、図書館利用者の認知と満足度に対する分析がかなり進んだ。多くの図書館行政体は、公認公共財務会計協会による、成人と子どもの両方に関する利用者調査の標準の構築に向けた全国事業を支援してきた（参照 http://www.ipf.co.uk/sis/leisure/publiclibraryestimates/default.asp）。そして現在、利用者による英国の図書館評価の実状が明らかになりつつある。

7.3 ネットワークで結ばれた電子図書館サービスのパフォーマンス評価は、ごく最近のものである。特定の電子的情報資源へのアクセス数を計測することは簡単なことであり、"ウェブ・ウォッチ・サービス"は使用状況と利用者の両方を監視するように技術性能を向上させつつある。しかし、こうしたレベルを越える評価、すなわち利用によってもたらされる影響や成果について分析することは今なお開発段階にある。この面で、公共図書館ネットワーク・プログラムは、他の分野、とりわけ高等教育部門の図書館において現在実施されている研究を活用する必要がある。本章では、この重要な領域における文献を概観し、現在進展しつつある活動を報告する。

パフォーマンス評価の原則

7.4 近年において、図書館のパフォーマンス測定に対して非常に強い関心が寄せられており、さまざまな研究が大西洋の両側で発表されてきた。この関心の理由を見つけるのは難しいことではない。すなわち、財源の逼迫により経営の効率化が常時強く求められるようになり、他方では利用者のニーズに適合したサービスを実施しようという配慮から、その有効性に注意が向けられるようになった。資金提供者はバリュー・フォー・マネーが達成されたかどうかだけではなく、それを実際のデータによって示すよう要求している。利用者および他の利害関係者も、ずっと一層声高になったし、一方、身近なところに物理的なコレクションの継続的な集積を目指す"所蔵"戦略に対比して、遠隔地にある情報資源に到達するための情報通

信技術を活用する"アクセス"戦略の適用は、外部の供給者への依存度を高め、それに伴って契約をより多く活用したりサービス水準の協定等が行われるようになっている。

7.5 必要とされるパフォーマンス指標とそれをいかに活用すべきかについては、数多くの視点から検討することができる。政策担当者と図書館管理者と顧客は、何が効率的で効果的な公共図書館サービスであるかについて、それぞれ異なる態度を持つ。しかし、共通に受け入れられる指標を見つけ出すことは可能である。一般的に、サービスをニーズや期待に適合させるための幅広いアプローチを最も必要とするのは図書館管理者である。しかし、管理者たちの注意は投資効果を証明することに注がれるが、"利害関係者"の立場からいえば、利用者の視点に立つことが、究極的には最も重要であることは自明である。

ネットワークで結ばれた図書館のためのパフォーマンス指標

7.6 ネットワーク化された新しい電子図書館のために、パフォーマンス指標を開発し利用するための系統だった研究は、これまで行われてこなかった。しかし、この方面では動きが生じている。高等教育のコミュニティと、とりわけその図書館界では、高等教育の利用者コミュニティに対してネットワークによるサービスを拡大することによって、豊富な経験を蓄積してきた。これによって、電子的情報の提供における高等教育図書館の役割についての多くの議論が出現し、新たな種類の経営情報とパフォーマンス指標の必要性が認識された。電子的サービスは、ますますキャンパス内であるいはキャンパスを越えて、利用者のデスクトップに届けられるようになっている。

7.7 "図書館"サービスをより効果的に利用するには、エンド・ユーザーの要求はもはや物理的な所蔵資料だけへのアクセスではすまない。こうした環境では、利用者と情報資源の接触は目に見えず、図書館職員は誰がどのサービスを利用しているか知らないかもしれないし、かれらは利用者が自分自身で見つけ出す代替手段によって解決していることに気づかないであろう。したがって、図書館サービスの効果を判断するのは従来の印刷に基づいた環境に比べてより難しくなっている。けれども、とりわけ重要な二つの最新研究は、経営情報を生成するための戦略の展開と、(a) 学術的ネットワーク環境、(b) 電子図書館、のために考案されたパフォーマンス指標の設定に注目している。

ネットワーク化された環境

7.8 マックルーアとロパタの『学術ネットワーク環境の評価—戦略とオプション』(*Assessing the Academic Networked Environment: Strategies and Options*, McClure and Lopata, 1996) は、米国のネットワーク化情報連合 (Coalition for Networked Information) によって援助された研究の成果である。この出版物は、「ネットワークの管理者や高等教育機関の意思決定に携わる者が、かれらのネットワークの有用性を高めかつ品質を向上させ、究極的にはネットワーク利用者の満足を増大させる」(p.3) のに役立つマニュアルである。著者はこの出版物において次のことを提示している。

a. 学術ネットワーク環境を評価する一連の手法の説明
b. データ収集の課題と問題点の把握

  c. 査定のために必要となるデータの収集と分析のための手順の提供
  d. 学術ネットワーク・サービス向上の手段として、ネットワークを査定するために必要となる尺度の基本セットの提供（例えば、ユーザー数、費用、ネットワーク・サービス、支援サービス、利用者満足等）

7.9 パフォーマンス測定は組織に対して、次のことを提供する。
- 利用者ニーズと組織の目標に関して、ネットワークの成功している点、あまりうまくいっていない点の把握
- ネットワークとネットワーク・サービスの利用における、時系列的な変化を点検するための趨勢データの提供
- 意思決定者の資源配分（または再配分）、およびネットワーク開発計画策定の支援
- 経費説明におけるネットワークと図書館の管理者支援
- ネットワーク活動とサービス品質における変異の検知のための監視
- ネットワークとネットワーク・サービスに対する利用者の満足度の確認
- ベンチマーキングの第1ステップの提供。すなわち、ベスト・プラクティス例のパフォーマンスを把握し、そのパフォーマンス値を目標として使い、またパフォーマンス値に引き上げるための要因を調査し、パフォーマンスの最大レベルを実現できるよう努める(McClure and Lopata, 1996, p.5)。

7.10 『学術ネットワーク環境の評価』は、パフォーマンス測定の文献に通常見られるよりも、データ・コレクションの定性的な方法に重点を置き、ネットワークのベンチマーキング、フォーカス・グループ、クリティカル・インシデント法、グループ・プロセス調査、シナリオ開発、観察といった手法について詳細に説明している。

電子図書館

7.11 "電子図書館に関する経営情報"（Management Information for the Electronic Library）は、高等教育基金審議会統合情報システム委員会のために英国において現在進行中の研究である。電子図書館のためのパフォーマンス指標が、統合基金委員会の図書館のパフォーマンス指標に関する特別グループが報告した『有効な学術図書館』（*The Effective Academic Library*, HEFC (E), 1995）で議論されたパフォーマンス測定の内容にどれだけ合致するかの調査がそこで行われている。マックルーアとロパタと類似した一連の指標が開発されつつあるが、異なっているのは、情報のアクセスと提供の視点に基づいている点である。この研究は、セントラル・ランカシャー大学の図書館・情報マネジメント研究センター（Centre for Research in Library and Information Management at the University of Central Lancashire）で実施されており、それに先立つ展望的研究（Brophy, 1995）を引き継いだものである。最終レポートは1997年夏までに出される予定である。

7.12 この研究の途中経過（Brophy, 1997）では、図書館管理者の意思決定のための情報ニーズに密接に関連して、経営情報とパフォーマンス指標の類型が把握できると説明している。図書館計画を活性化し、投入した資金や労力に対して最善の価値を持つ成果を得るようにするた

めに図書館管理者に必要な意思決定の判断材料を提供するべく、経営上の仕事が電子図書館の関連する機能と結びつけられるかもしれない。

7.13 電子図書館の経営情報に関する研究は伝統的なサービスと、現在の学術図書館を通じてエンド・ユーザー・サービスをもっといろいろな場所で展開する電子的サービスとの、常に変化を続ける混合体を運営するという複雑さを強調している。これらのサービスを評価するために、統一的に決められたパフォーマンス指標の必要性は、重大な課題である。

7.14 ネットワークで結ばれた公共図書館が出現すれば、公共図書館の管理者にも同じ課題がもたらされる。ネットワーク化された公共図書館におけるパフォーマンス測定とパフォーマンス評価の研究は、他の部門、とりわけ高等教育部門で進行中の研究を取り込む必要がある。

参照文献

Brophy, P.(1995). *Management Information for the Electronic Library: Report on a Scoping Study undertaken for the Joint Information Systems Committee under FIGIT's Supporting Studies and Activities Programme.* Preston: CERLIM, University of Central Lancashire (unpublished).

Brophy, P. (1997). *Management Information Systems and Performance Measurement for the Electronic Library: eLib Supporting Study.* Draft report to JISC/HEFC(E).

HEFC(E)(1995). *The Effective Academic Library: A Framework for Evaluating the Performance of UK Academic Libraries: A Consulative Report to HEFC(E),SHEFC,HEFC(W)and DENI by the Joint Funding Council's Ad Hoc Group on Performance Indicators for Libraries.* Bristol: HEFC(E).

McClure, C. R., and Lopata, C. I. (1996). *Assessing the Academic Networked Environment: Strategies and Options.* Washington, DC: CNI Publications.

第8章 実行：推進力の形成

8.1　このレポートに盛り込まれている提案が、英国公共図書館の構造改革を可能にする。図書館は今や、英国の成功に不可欠な情報通信技術へのアクセスを提供するという点で、中心的な役割を引き受けることができる。公共図書館のネットワーク化は、教育、知識そしてITスキルが普及した洗練された社会を生成する運動の最先端に図書館を位置づけるものである。

8.2　情報通信技術は、特に教育、行政、工業および商業など図書館とのリンクづけがすでにうまく行われている分野を含め、ほとんどすべての活動分野において変化の主要因となっている。それが、活気にあふれた組み合わせを作り出すのである。われわれの戦略の実現は、この状況と広く関わっているという点が非常に重要である。

8.3　われわれは、次の事項を主要な課題として考えている。
a. 政府に対して：図書館の関わる中心的役割を強調した統合的な国家的情報政策の立案・展開について、指導性を発揮すること
b. 技術・通信産業界に対して：図書館のための、ネットワーク基盤とサービスとコンテンツの供給や管理において市場機会をとらえること
c. 図書館および図書館行政体に対して：新しい図書館の考え方を採り入れ、人々と技術と情報との間に、柔軟な、新たなインターフェースを設定すること
d. 教育関係者に対して：情報通信技術によってもたらされる便益を、学校など正規の教育の場で学ぶ人、並びに自主的な生涯学習者の双方が享受できるように努めること

8.4　これらのグループ間の協力は、われわれが目指している革命的な転換を成し遂げるために欠かせないものである。それぞれのグループが、果たすべき重要な役割を持っている。

8.5　とても大切な処置が一つだけある。それは、政府が、英国公共図書館ネットワークを中心に据えて、公共図書館における情報通信技術の開発と応用に対して包括的かつ首尾一貫した提案をし、情報政策に力を注ぐという公約を示すことである。その取り組みは、すでに行われている協力関係に基づき、またわれわれの戦略の各部分に必要な高レベルの投資を考え、共通目的の領域の資源に焦点を絞り、教育分野等の類似の先導的事業と調和したものでなければならない。

8.6　政府の責任には、四つの面があげられよう。
a. 適切な行政部門と審査担当当局の両者を結合した中央調整メカニズムの設置
b. 公共図書館におけるネットワーク化の推進と調整を担当する開発機構としての公共図書館

　　　　　　ネットワーク機構の設立
　　　c. 公共図書館ネットワーク計画を実現するために、公共部門と民間部門との間で適切な協力関係を発展させること
　　　d. 公共図書館ネットワーク計画の経費に対して他の機関の貢献を促す、資金支援の公約

変化のための諸組織

8.7　各構成要素の主たるものは、以下のとおりである。

中央調整メカニズム

8.8　中央調整メカニズムは、図書館界へのわれわれの提案が、特に教育と学習の分野における他の類似の先導的計画と歩調を合わせつつ、政府によって進められることを確実にするという特に重要な責任を担っている。したがって、そのメカニズムには、全国情報基盤の整備、コンテンツの作成と供給、そして教育と生涯学習の提供に関与する省庁やエージェンシーを含むべきである。このメカニズムが英国全体の中心となり、その任務を担うことがきわめて重要である。

協力関係の確立

8.9　図書館のためのわれわれの戦略は、公益と営利収益を結びつける機会を提供する。もしわれわれのビジョンを展開し、その実現を推進するのに必要な資源を開放しなくてはならないとするのであれば、われわれは協力関係が特に重要であると確信している。また、この戦略を実現する方法を提供してくれる新たな協力関係を設定するために、政府が電気通信会社、サービス・プロバイダー、コンテンツの製作者、ハードウェア・ソフトウェア生産者と緊急に話合いを開始するよう提案する。

公共図書館ネットワーク機構

8.10　次のことを行うために、公共図書館部門を代表して行動する、単一の全国組織である開発のためのエージェンシーを設置することが早急に必要である。

　　　a. 英国公共図書館部門全体のネットワークの企画・施行の指導・調整
　　　b. 民間部門との協議の中心点としての機能
　　　c. 統合的な情報戦略における公共図書館が受け持つ部分の開発に際して、政府との間をとりもつこと
　　　d. 迅速な参入によって生じる利益を明示し、図書館行政体に公共図書館ネットワーク化の構想を売り込むこと
　　　e. 公共図書館ネットワーク化計画の実現のための中央財源の管理・運営の責任
　　　f. 次の領域における新たな製品開発プログラムの確立
　　　　　ⅰ. コンテンツとサービス
　　　　　ⅱ. ネットワーク基盤
　　　　　ⅲ. 職員の訓練

8.11　公共図書館ネットワーク機構は、英国全体を所管する、小規模の緊密な組織となるだろう。

この組織は、スコットランドとウェールズの代表が完全参加するための必要な処置をとっており、図書館情報委員会からの政策的指示を受けるものとする。（図書館情報委員会の権限は、スコットランドとウェールズが同様に代表として参加する研究問題や国際的問題に関連する事項を除いて、イングランドと北アイルランドだけにしか及ばない）

8.12 公共図書館ネットワーク機構は、公共図書館のネットワーク化における種々の不可欠な事項の担当を他の組織に委託することによって機能する。果たすべき責任の内容は次のとおりである。

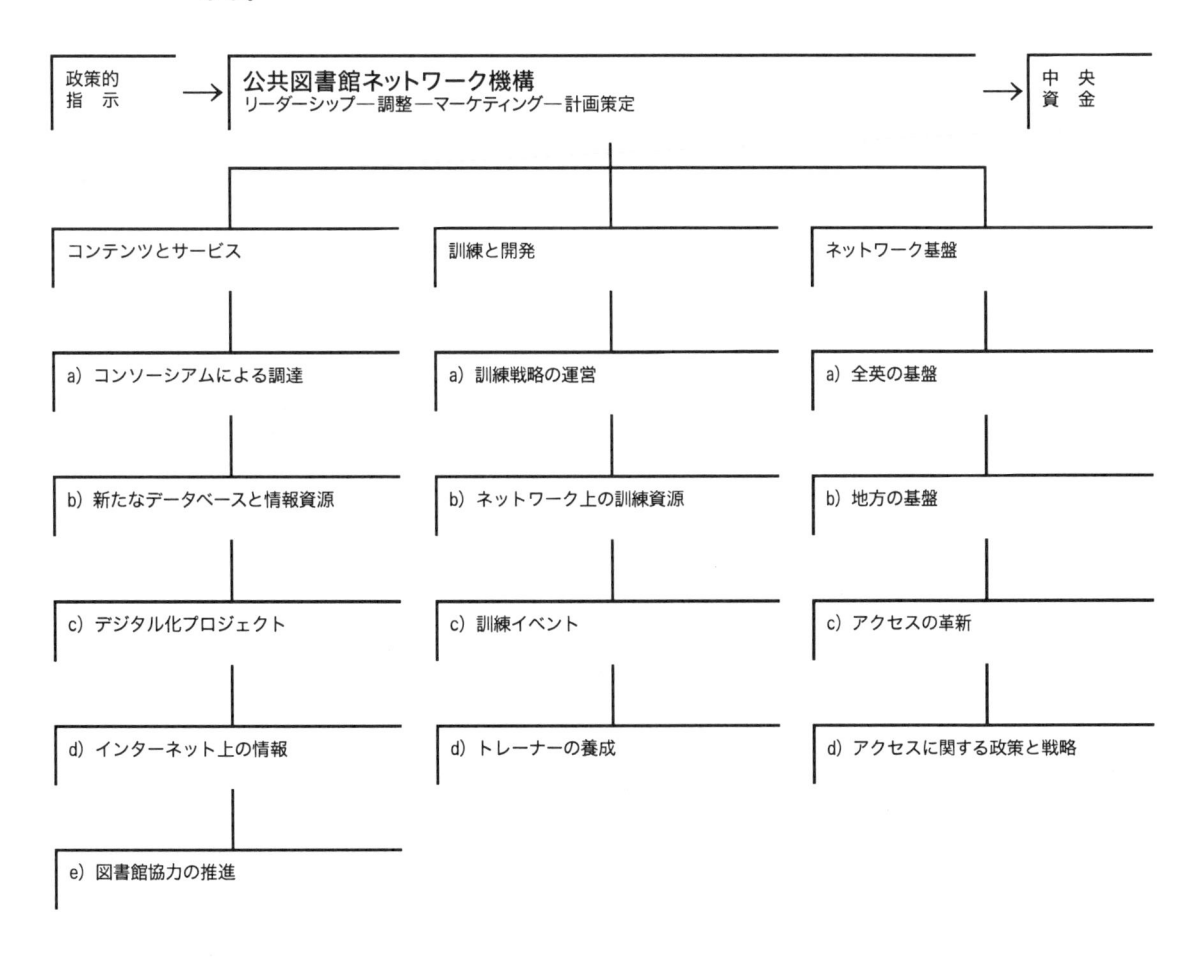

```
政策的          公共図書館ネットワーク機構                中央
指 示  →   リーダーシップ―調整―マーケティング―計画策定  →  資金
              │            │            │
       コンテンツとサービス   訓練と開発    ネットワーク基盤
              │            │            │
       a) コンソーシアムによる調達  a) 訓練戦略の運営    a) 全英の基盤
              │            │            │
       b) 新たなデータベースと情報資源 b) ネットワーク上の訓練資源 b) 地方の基盤
              │            │            │
       c) デジタル化プロジェクト   c) 訓練イベント     c) アクセスの革新
              │            │            │
       d) インターネット上の情報   d) トレーナーの養成   d) アクセスに関する政策と戦略
              │
       e) 図書館協力の推進
```

コンテンツとサービス

8.13 各組織には、次の事項が委託される。
   a. コンソーシアムによる調達：ローカル・レベル、リージョン・レベル、国レベルにおける協定の支援
   b. 新たなデータベースと情報資源：主題別あるいは地域別（ローカルとリージョン）の情報資源と重要なニーズおよび問題に関連するデータベースの開発
   c. デジタル化プロジェクト：特殊コレクション、あるいはデジタル化技術によって最もうまく提供されるコレクションへのアクセスに関するローカル・リージョン・国の計画

d. インターネット上の情報：情報資源へのアクセスを調整し推進する
　　　e. 図書館協力の推進：図書館目録へのネットワークを通じたアクセスと相互貸借および関連機能の推進

訓練と開発

8.14	各組織には、次の事項が委託される。 a. 訓練戦略の運営：英国全体の訓練計画の全般的な運営 b. ネットワーク上の訓練資源：各地で利用できるようネットワークに搭載する、管理者と職員の訓練のための新たな資源 c. 訓練イベント：ローカル・レベルとリージョン・レベルの訓練イベントの組織 d. トレーナーの養成："カスケード型"プロセスを支援するための、地元図書館のトレーナー養成の管理

ネットワーク

8.15	各組織には、次の事項が委託される。 a. 全国情報基盤：高レベルの接続のスピードと品質を備えた公共図書館ネットワークの運営 b. 各地の情報基盤：各地のネットワークを一般的基準に引き上げるよう、図書館行政体との交渉 c. アクセスの革新：新規の利用者、一人暮らしの住民、障害を持つ人々が容易にアクセスできるような革新的技術の開発 d. アクセスに関する政策と戦略：無料または有料のサービス、多部門にわたるネットワーク化、およびコミュニティの情報流通をめぐる政策と戦略の調整

資金調達の責任

8.16	資金調達はさまざまな出所に求められるだろう。しかし、政府は決意を示すものとして、また他の団体に参加を促すものとして、大きな貢献を果たすことが必要となる。そこで、政府が果たすべき次のような最低限の要件がある。 a. 公共図書館ネットワーク機構の活動への資金供与 b. 英国の図書館員のための訓練プログラムに関わる費用の引き受け c. 英国公共図書館ネットワーク実現の着手と、図書館行政体および関連機関の最初段階からの参加を促すための中央資金の提供もしくは仲介
8.17	このような方法で、政府のリーダーシップが、いずれ世界中のいたるところで見られるようになる卓越したモデルを形成するための推進力を形成し、それを保証する。

第9章 勧告と経費

勧告の概要

9.1 政府は、次のとおり、公共図書館の中心的な役割を強調する情報政策に対する公約を明示する。

　a. 適切な行政部門と審査担当当局の両者を結合した中央調整メカニズムの設置
　b. 公共図書館におけるネットワーク化の推進と調整を担当する開発機構としての公共図書館ネットワーク機構の設立
　c. 公共図書館ネットワーク計画を実現するために、公共部門と民間部門との間で適切な協力関係を発展させること
　d. 公共図書館ネットワーク計画の経費に対して他の機関の貢献を促す、資金支援の公約
　（第8章）

9.2 公共図書館ネットワーク機構は、次により、公共図書館ネットワークを発展させる責任を担う。

　a. 個々の公共図書館ネットワークを結びつける英国の"バックボーン"情報基盤の建設
　b. 地域図書館ネットワークを資金の分担調達によって共通の英国基準のものに向上させるための図書館行政体との折衝
　（第4章）

9.3 公共図書館ネットワーク機構は、「知識、構想力、学習へのアクセス」を可能にするためにコンテンツとサービスを調達しおよび（または）開発する。そして、コンテンツ開発は次の分野において優先される。

　a. 子どもと成人のための教育と生涯学習の機会を充実すること
　b. 経済的繁栄を推進するために訓練、職業、企業を支援すること
　c. 政治的・文化的に洗練された社会を育むことにより、社会の結束を育成すること
　（第1章）

9.4 英国公共図書館ネットワークを通じて供給されるコンテンツには、次のものが含まれるはずである。

　a. 商業出版物
　b. 行政・公共の情報と、『政府ダイレクト』計画の一部として中央政府による電子的業務に対応するもの
　c. 図書館が作り出す新たな情報資源、または図書館が公共部門および（または）民間部門の協力者と開発する情報資源

d. 公共図書館における貴重書コレクションあるいは特殊コレクションのデジタル化プログラム、そして国立の図書館、博物館、美術館等の協力者によるその他のデジタル化コレクションの提供物
e. インターネット上の情報資源、"無料"のものと商用のものの両方
f. 初期段階では英国図書館と高等教育基金審議会統合情報システム委員会によって提案された情報の共通基準への支援のもの
(第1章)

9.5　公共図書館ネットワーク機構は、次により、公共図書館部門における2万7000人の職員研修プログラムを開発する。
a. 英国公共図書館ネットワーク上で提供される新たな訓練資源の開発
b. 対面の訓練イベントの開催
c. すべての図書館行政体における戦略上、経営上、運営上で求められる実質的な訓練・育成のニーズを実現するための、職務免除分補填用の部分的資金供給プログラム
d. ローカル・レベルとリージョン・レベルにおける訓練を促進するための、訓練報奨資金の割り当て
(第3章)

費用の概算

9.6　本報告書中のさまざまな部分に示唆されている費用は、下記にまとめられる。しかし、各領域における支出は同じ基準、同じ時点で開始されるものではないので、ここに掲げた費用には凹凸がある。

9.7　費用の各事項に関して、推奨される財源、すなわち英国全体の投資のための"中央の"資金、図書館行政体からの資金提供、あるいは関連団体の貢献は、5.9項に示した。資金提供源が確定されるには、当初一定の期間が必要であろう。実施の第1段階は、公共図書館ネットワーク機構を設立することであり、それが図書館情報委員会、文化・メディア・スポーツ省、そして他の適切な政府担当部局との協力の下で、この仕事に取り組むであろう。

	年次（単位：100万ポンド）						
	1	2	3	4	5	6	7
公共図書館ネットワーク機構	0.5	0.5	0.5	0.5	0.5	0.5	0.5
コンテンツ							
商業出版物		2.0	2.0	2.0	2.0	2.0	
コンソーシアム調達チーム	0.3	0.3	0.3	0.3	0.3	0.3	
政府・公共情報		2.0	2.0	2.0	2.0	2.0	
図書館・連携機関による新たな資源		6.0	6.0	6.0	6.0	6.0	
特殊コレクションのデジタル化		6.0	6.0	6.0	6.0	6.0	
インターネット・アクセス		0.6	0.6	0.6	0.6	0.6	
情報についての共通基準	0.1	0.1	0.1	0.1	0.1	0.1	
訓練と育成							
訓練計画の管理	0.2	0.2	0.2	0.2	0.2	0.2	
ネットワーク上のコース、提供と認定	1.4	2.8	2.8	2.8	2.8	2.8	
職員の職務免除補填分（全体の50％)		2.0	2.0	2.0	2.0	2.0	
地域の訓練報奨資金	0.3	0.3	0.3	0.3	0.3	0.3	
ネットワーク基盤							
全国"バックボーン"：公共図書館ネットワーク							
準備	5.0	5.0					
進行中		18.0					
地域ネットワーク				36.0	36.0	36.0	36.0
準備・段階的配分	10.0	26.0					
進行中		20.0	48.0	48.0	48.0	48.0	
各図書館の"キット"							
（端末、プリンター、その他）							
準備	40.0	40.0	40.0				
進行中		6.0	12.0	18.0	18.0	18.0	

9.8 計画のすべての要素は、6年目までの分が確保されているものとする。公共図書館ネットワーク機構は7年目には、文化・メディア・スポーツ省、他の適切な政府担当部局、そして他の関連団体と協議しながら、その後に続く期間の計画を練り直すための再検討を行わなければならない。

付録1: 国際的な展望

はじめに

A1.1 本報告書は、英国の情報化社会への転換に、英国公共図書館ネットワークがどのように貢献するかを把握したものである。この付録では、世界の各国政府が情報化社会の重要性、およびその実現にあたり図書館が果たす役割を考察したレポートについて簡単な文献レビューを紹介する。これらのレポートは例によって、政策展開を示すきわめて高いレベルの将来展望の文書であった。

A1.2 このレビューで扱うレポートは、インターネットおよび印刷物の情報源に対して文献探索を行い、把握できたものである。準備段階では、14の別々の国々からの24件の文書が使用された。調査は、英語で出版された文書に限られており、該当のレポートを作成していても、英語では利用可能となっていない国もあり、それらは対象に含めなかった。引用したほとんどすべてのレポートは、ワールド・ワイド・ウェブで利用可能であり、ウェブ・アドレスは可能な限り参照文献に掲載した。このレビューにおいては、レポートは作成した国ごとに引用した。同様に、参照文献もレポートを作成した国ごとに配列した。

A1.3 文献レビューは、八つの段落からなる。
 a. 情報化社会とは何か
 b. 情報化社会を進展させようとする理由
 c. 情報化社会のビジョン
 d. 情報化社会の進展を阻む障壁
 e. 情報化社会に向けて障壁を克服する
 f. 公共図書館が果たすべきいくつかの役割
 g. 概要
 h. 参照文献

情報化社会とは何か

A1.4 目を通したレポートの中で、実際に情報化社会を厳密に定義しているものはきわめて少なかった。一様に、社会はまさに「情報の総量とやり取りが爆発的に増大する変革」（デンマーク）を経験しようとしているとの認識が見られた。この変革は、情報通信技術の進展によってもたらされたもので（ヨーロッパ連合1、2）、したがって、これらの技術が「過去の産業革命と同様に、重要な意味を持ちかつ影響の大きい新たな産業革命をすでに引き起こしつつある」（ヨーロッパ連合2）。

A1.5 ただ一つのレポートだけが、"情報化社会"という用語が何を意味しているかを明確に定義していた。

「"情報化社会"という用語は、双方向コミュニケーションに備わる常に拡大し続ける技術的可能性を含む、知識と情報の、獲得・蓄積・処理・伝送・提供・利用が決定的な役割を演じる経済と社会の状態を表すものである。」(ドイツ1)

情報化社会を進展させようとする理由

A1.6 政府がその国の情報化社会の進展を妨げるよう行動すべきだという主張が展開されているレポートは一つもなかった。情報化社会が、このようにして全世界的規模で進展しつつあり、将来の大きな変化に備えるための準備をできるだけ早急に行わなければならないという考え方が例外なしに受け入れられている。国が自らの情報化社会を可及的速やかに進展させなければ、世界経済関係の中で自らを実際に不利な立場に置くことになるとの不安が広く行きわたっている（フィンランド）。他の想定される結果は、もしある国が自国の情報化社会を進展させるよう対応しなければ、世界のどこからかそれを押しつけられるということである。

「われわれは、われわれが構成する社会についての選択権を持っている。もし、われわれが[情報化社会のもたらす]機会をないがしろにするならば、他の国が新たなサービスを導入し競争力を強化するにしたがって、取り残されてしまう危険を負うことになる。われわれは、自国のものではなく、他国のコンテンツと技術の消費者になってしまうだろう。」（オーストラリア）

A1.7 情報化社会は、地球社会の文化に圧倒されるということで、その国の文化に大きなマイナス効果を与える可能性が高い（アイスランド、オーストラリア）。この脅威はカナダのレポートに非常に明確に記されている。

「もしわれわれが、情報ハイウェイの構築で貿易相手に後れを取ることになれば、いずれ世界的規模のカウンターパートがカナダにやって来ることになる。それはカナダの人々が見たくない前途である。また、カナダの情報ハイウェイを活用するという好機を逸すれば、競争力の低下と、高成長の知識産業や高い質の雇用機会を失うだろう。雇用機会の逸失に関する社会的費用はとても大きなものになる。国内の文化的な対話は衰え、政府は急速に変化する電子化時代の現実に遅れずについていくことができなくなるだろう。」（カナダ1）

情報化社会のビジョン

A1.8 情報化社会のビジョンは、二つのタイプに分けることができる。第1は、多くのレポートが情報化社会はどのように国に影響を及ぼすかについて、熱い期待を詳しく述べたビジョンを展開しているもので、その抱負は非常に高度かつ壮大であった。おそらくそれらは、ミッション・ステートメントに相当するものとみなすことができる。ビジョンの第2のタイプは、ずっと実際的で、生活の特定の領域に対する影響の可能性を考察したものであった。経済への影響、市民が政府とやりとりできる方法、そして大変重要なものとして、生涯学習に基づく社会にいたる道のりがとりあげられていた。

壮大な期待

A1.9 典型的な、壮大な期待として述べられていることは、その国が、
  a. 情報化社会の進展において、リーダーになる。(米国1)
  b. ネットワーキングに基づいて先進社会となる。(フィンランド)
  c. 強いコミュニティ意識とナショナル・アイデンティティをつくりあげる。(米国1)
  d. 生涯学習社会に到達する。(ヨーロッパ連合1)
  e. 経済成長を遂げる。(カナダ2)
  f. 市民がさらに政治に積極的に参加できるようにする。(アイルランド)
  g. すべての市民が情報化社会の成否がかかっているネットワークにアクセスできるようにする。(タイ)

A1.10 おそらく、このタイプのうちで最も壮大な声明は、『IT2000—知的な島の将来像』と名づけられたシンガポールのレポートの中に見つけ出すことができる。

「IT2000は、シンガポールを、情報技術の利用が仕事、家庭、娯楽といった社会のすべての面に行きわたる知的な島へと変化させることを目標とする。シンガポールの人々は、電子的に蓄積された情報やサービスというとても大きな源泉を活用することができるようになり、それを最善の目的、すなわち景気を上向かせ、仕事を楽にし、個人的・社会的生活を向上させるために使う。知的な島としてシンガポールは、世界の科学技術の一大センター、生産に適した高い価値を持つ場所、そして商業、通信、情報の世界的ネットワークにおける重要なノードになるであろう。」(シンガポール1)

生涯学習社会

A1.11 レポートの多くは、情報化社会は生涯学習社会となる必要があると見ている。生涯学習社会では、居場所にかかわりなく、個人は新たな技能を身につけ、教育コースに加わることを継続する必要がある。この点は、カナダのレポートに非常に明確に述べられている。

「新たな世界経済においては、知識が重要な資源であり、国家の人的資源の質が競争力を確保するのに決め手となる。この理由により、生涯学習は情報スーパーハイウェイの設計上の重要な要素である。知識経済における繁栄の鍵は、働く人々が情報を賢く使えるようになることにある。学習はわれわれが使える時間全体に広げられねばならない。科学技術がそれを可能にするだろう。」(カナダ2)

A1.12 授業や訓練は、ネットワークを介することで、もっと簡単に手に入れやすくなり、その結果、より多くの人々が利用できるようになる。教師との個人的なやりとりがもはや必要なくなるので、新たな学習の方法が可能となるだろう(ドイツ1)。

経済面での影響

A1.13 情報化社会は、ビジネスを営む手法に重大な影響を与えるものと考えられている。ビジネスが展開される市場は世界規模に拡大されることになる(アイスランド)。そして、競争に打ち克つためには、企業は最新技術を利用することが必要となる。もっと"知識に基づく"経営への切り替えが生じ、"伝統的な"職業のいくつかの領域には雇用が少なくなるだろう。しかし、多くの新しい雇用機会が知識産業において創出され、要員の再訓練と再技能習得が絶え

ず必要とされることになるだろう（カナダ1）。

| A1.14 | もっと多くの資源がオンラインで利用可能となるので、多くの人々が在宅勤務を行うことが可能となり、そうした選択を行うようになる（アイルランド）。これにより、人々がネットワークを介して付き合うようになるため、"仮想的な"コミュニティが発生する。こうしたコミュニティに参加する資格は、そのメンバーの地理的な位置に縛られなくなる。 |

| A1.15 | 在宅で仕事を行うことは、伝統的な被雇用者と雇用者という二分法にも影響を与える。「重点は、従業員になるための訓練ではなく、市場性のある技能を習得するための訓練に移る。かくして、だんだんと、人々は雇用者の代わりに"顧客"を探すようになる。求められる技能とは、大部分は新しい技術に基づくものとなるだろう。」（アイルランド） |

民主主義

| A1.16 | 情報化社会では、人々は政府と一層効果的にやりとりできるようになる。公共情報はもっと容易にアクセスできるようになり、市民はより効果的に意思決定に参加できるようになる（ヨーロッパ連合1）。デンマークはとりわけ、人々から近づきやすく、信頼される政府となるための新しいやり方について強力なビジョンを持っている。この構想には、すべての「公の発表は法律公布を含め電子的形態にする」という原則がある（デンマーク）。 |

家庭での楽しみ

| A1.17 | 家庭には、しだいにインターネット利用などの新しい通信技術の機器が備えられるようになるだろう。テレビと通信技術の融合によって、ホームショッピングの増加が見込まれる。 |

情報化社会の進展を阻む障壁

| A1.18 | レポートでは、各国における情報化社会への進展を阻む壁について明らかにしている。これらの壁とは、
a. 情報化社会と情報スーパーハイウェイに関する、社会における認識不足
b. 情報スーパーハイウェイの利用不足
c. 新たな技術を最大限に活用するための訓練不足
d. 現状の法的、技術的に困難な問題点
e. 必要なネットワークが稼働するための情報基盤の欠如 |

社会における認識不足と利用不足

| A1.19 | レポートでたびたび言及されている障壁は、情報化社会と情報スーパーハイウェイ、およびそれらが社会のさまざまな領域に与える影響に関して、社会の認識が不足しているということである。この認識不足のせいで、とりわけ企業がネットワーク・サービスに取り組もうとせず、経済のグローバル化への移行に備えようとしていない。 |

| A1.20 | 消費者が未だに情報スーパーハイウェイに対して積極的でないのは、一部は利用できる民間サービスの数が少ないということに起因する。このことが、興味を持てるサービスが存在し |

ないために情報スーパーハイウェイを利用する利用者は多くない、そして、サービスを利用する消費者が未だ十分に存在しないから、企業はネットワーク・サービスを提供しないという悪循環となっている（オランダ）。

アクセスの不足

A1.21 ネットワーク・コンピュータにアクセスしている者だけが、情報化社会に十分に関与することができる。したがって、情報化社会の一員となるのは、コンピュータを購入する余裕があるか、または仕事や教育の場所からアクセスが可能であるかどちらかの人々に限られている。ユニバーサル・アクセスの欠如は、乗り越えなければならない非常に大きな障壁であると認識されている。すべてのレポートが、ユニバーサル・アクセスが確保されなければ、進展する情報化社会は、"情報を持つものと持たざるもの"（ヨーロッパ連合2）に社会が分割され、非民主的なものとなるだろうと指摘している。ユニバーサル・アクセスを保証するという責任が、多くのレポートにおいて非常に強く述べられている。一つの例は、「機会の平等は、アメリカの民主主義における基本的な教義である」（米国3）というものである。なお、この引用文中の"機会"とは情報スーパーハイウェイへのアクセスを意味している。

A1.22 コンピュータを利用している人々は、ネットワーク・サービスを利用する費用が法外に高いとしばしば感じている。この点もまた障壁として作用している（デンマーク）。

技能の不足

A1.23 指摘されているもう一つの障壁は、人々が新しい技術を運用することができないということである。広範囲にわたる社会階層で、現在情報化社会がもたらすであろう可能性を引き出すために必要な技能が不足している。アクセスの提供は、訓練機会の提供とバランスをとる必要がある（オーストラリア）。
「情報化社会に向けた進展によって、技術を習得しその可能性を理解するものと、それを拒絶するかあるいは活用できないものとの間の新たな不平等を、決して作り出してはならない。」（ノルウェー）

法的な問題点

A1.24 また、情報化社会の機能展開を阻むものとして、数多くの法的な問題点がある。著作権の係争には、とりわけ問題が多い。電子文書は数限りなく複写できるだけでなく、再利用のために容易に改変でき、元の文書を判別することが困難となる（スウェーデン）。取り上げられているその他の問題点としては、情報の真正性や、例えば在宅勤務者が増大することに伴う労働法の整備がある。

技術的な障壁

A1.25 いまなお解決が求められている技術的な問題がある。例えば、すべてのアプリケーションを、相互に繋ぎ目なく利用できるようにする世界的な標準規約の開発である。また、サービスとアプリケーションは、すでにそれなりの技術的能力を備えた人々向けに設計される傾向がある（日本）。このために、これらのサービスやアプリケーションは、技術的能力をあまり

持たない人々にとっては使いにくいのである（ドイツ1）。

必要な投資・必要な情報基盤

A1.26 現在多くの国々が、本格的な情報化社会を支えるために必要な情報基盤を備えていない。現時点では、必要な情報基盤は、人口の多い都市部にしか見られないのかもしれない。このことはアイルランドやタイといった、農村地帯の多い国の場合に、特に当てはまる（アイルランド、タイ）。

情報化社会に向けて障壁を克服する

A1.27 各レポートを通して、情報化社会への移行を支援しようと提案された政策の間には、驚くほどの類似性が存在している。これらの政策は大部分、上記で示した障壁を乗り越えることに向けられている。

認識

A1.28 一般市民や産業界は、二つの重要な政策の採用により、情報化社会およびその影響についてもっと認識を高めるように仕向けられるだろう。第1にいくつかの国々において、一般市民および営利組織に対して情報化社会に対する認識を高める責任を負う組織を、政府資金により設立しようという動きがある（アイルランド、アイスランド）。第2には、国レベルと地方レベルの両方の行政組織が、自らデモンストレータとなって他の社会部門をリードしていくために、情報通信技術を使用することに着手しなければならないとしている（タイ、ヨーロッパ連合2）。
「政府は経済・社会の重要な構成要素であり、政府によって提供される公共サービスは日常生活にとって非常に大切なものであるので、公共部門における情報システムの供給は社会全体における供給のプロセスにとって基盤として機能する。」（日本2）

アクセス

A1.29 物理的なアクセスポイントの整備についても、およそ二つの方法で着手されようとしている。自宅からのアクセスを望む人すべてに、手ごろな価格でアクセスを保証しようという施策がある（カナダ1、ヨーロッパ連合3）。また、「地域のアクセスポイントは、すべての人に知識と情報のネットワークへの接続を可能にすべきだ」という法制化の強力な要求や提言がある（ヨーロッパ連合1）。例によって、これらのアクセスポイントは無料で提供されることになる（デンマーク）。アクセスポイントの場所は、図書館、学校、行政機関といった公共施設の中が予定されている(公共図書館内にアクセスポイントを設けるかどうかについては、以下においてもっと詳しく議論される)。地域コミュニティのアクセスポイントは、社会の発展が情報を持つ者と持たざる者に分割することを防止する重要な役割を担っているものであると、きちんと確認されている（米国1）。

技能

A1.30 情報化社会にしっかりと関与していくために求められる技能を身につける機会がすべての市民に必要だという点については、十分に認識されている。

「したがって、雇用主が優先的に扱っているかどうかはともかく、成人にも必要な知識と技能を身につけるためのふさわしい便宜提供が決定的に重要である。」(ノルウェー)

A1.31　これを達成する方法は、地方または国のレベル、あるいはその両方において提案されている。国レベルにおける一つの例は、"全国的学習構想"を発展させようというアイルランドの施策である。こうした国の計画では、一般に、すべての教育施設が適用可能な情報通信技術を授業に必ず組み入れることを目指している。地域レベルの取り組みは、"生涯学習社会"の発展に向けたものであり、そこでは正規の教育に関わりのない人が、ネットワークにより、また仕事上のあるいは地域の教育・訓練計画を通じて、必要な技能を伸ばす機会を持つことになる(タイ)。

情報基盤

A1.32　情報基盤に関する政策では、どのように資金を調達するかという計画が注目されている。ほとんどの国は、公的な誘導と民間による資金を組み合わせる方式を採用している。大変強い影響力を持っているバンゲマン・レポート (Bangemann Report) では、今日情報基盤整備は、営利組織が「財政支援、補助金、規制政策、または保護育成政策の助けを借りずに」単独で開発しなければならないと述べられている (ヨーロッパ連合2)。

技術的かつ法的な問題点

A1.33　現在の法制問題を克服するためには、特に著作権紛争を考慮し、状況を単純化する新たな法律を作成すべきであるとする勧告がある(ドイツ1)。

A1.34　技術的な障壁を乗り越えるための一つの提案は、政府資金によってこれらの問題点を把握する調査計画を展開しようというものである。この調査計画は、上述の障壁克服の重要性を産業界に理解してもらうための広報キャンペーンと歩調を合わせて、実施されるだろう(カナダ1)。

公共図書館が果たすべきいくつかの役割

A1.35　多くのレポートが、情報化社会において公共図書館が果たすべき特別な役割を取り上げている。最も典型的な役割は、
　　a. ネットワークの公共のアクセスポイント
　　b. 指導と訓練の提供
　　c. 知識資源の発見を支援すること
　　d. 知識の提供機関

アクセスポイントとしての図書館

A1.36　数多くのレポートにおいて、公共図書館は情報スーパーハイウェイへの公共のアクセスポイントとして非常に適した場所であると、明確に認識されている(オーストラリア、カナダ1、フィンランド、ドイツ1、スウェーデン、タイ、米国1、3)。
「仕事でコンピュータを使う可能性がない数多くのデンマーク人にとって、情報化社会の基本

的ツールに精通し、情報ネットワークにアクセスできる新たな機会が用意されなければならない。この点に関して、成人教育と公共図書館は第一の手立てとなろう。」（デンマーク）

「この国の誰もが、2000年までに情報スーパーハイウェイの恩恵に浴する機会を持つべきである。これを行う迅速で一番効率のよい方法は、近隣の学校、図書館、コミュニティ・センターに、情報スーパーハイウェイを通すことである。」（米国3）

A1.37 これらのアクセスポイントに対する資金調達についてはほとんど触れられていない。しかし、公共図書館システムが情報網の役割を果たすために、それに資金投入を要請しているレポートが二、三存在する。

「専門委員会は、図書館を情報化社会の成否を握る要因と考え、図書館システムの全体を速やかにネットワーク・サービスの届く範囲に置かなければならないと勧告する。研究図書館並びに公共図書館の双方において必要な専門知識の確保とともに、適切な装置の配備や電気通信によるリンクが保証されねばならない。」（フィンランド）

「専門家グループは、広帯域情報基盤の普及とともに、2001年までに広帯域接続をすべての学校図書館、医療センター、コミュニティ・センターに行きわたらせるべきであると勧告する。専門家グループは、接続のための資金は州／テリトリーと連邦の政府によって、出費を考えて措置されるべきであると勧告する。」（オーストラリア）

A1.38 図書館への支援を明確に述べているもう一つの国はシンガポールである。2000年の図書館計画の一部として、シンガポールの公共図書館はこの島の情報化社会をさらに効果的に支援できるよう再開発される。これは、次のものを構築する。

「どこからでも、いつでも、情報と情報資源へのアクセスを可能にする"壁のない図書館のネットワーク"。これを実現するために、500の図書館と情報センターが、コンピュータ・ネットワークによって相互に接続され、また、それは海外の図書館やデータベースにもつなげられる。」（シンガポール2）

教師・トレーナーとしての図書館員

A1.39 公共図書館は、人々が情報スーパーハイウェイを使い任務を果たすのに必要な技能を習得できる場所であると認められている。想定される第1のシナリオは、アクセスポイントの役割の拡張である。それによって図書館は、人々が情報スーパーハイウェイ上で提供される訓練にアクセスする装置として機能する（デンマーク、オーストラリア）。第2のシナリオは、図書館員自身が求められる訓練を提供するというものである（カナダ2）。

「公共のアクセスポイントはきわめて重要な訓練を施す場となるだろう、しかし、そこで重要な役割を担う図書館員や教師といった、コミュニティのトレーナーのためには、公式訓練のメカニズムが必要となるかもしれない。」（オーストラリア）

ナレッジ・マネジャー

A1.40 公共図書館は、新たな情報資源の重要な管理者と見なされる。スウェーデンのレポートの表現によれば、"知識の大海原の中で、未来に向かう水先案内人"であり、デンマークのものは、さらに明確にこの役割を次のように表現する。

「電子出版物がしだいに雑誌や図書の役割に取って代わる展開を考慮して、図書館員の役割と労働条件は再評価されねばならない。図書館は、仲介者としての役割を果たし、増大する情報の洪水の中を利用者が航行することを手助けすることで先導的な役割を務めるようになるだろう。」（デンマーク）

A1.41 また、この役割はシンガポールでも、きわめて重要なものと考えられている。
「情報過多の時代の中で、次の世紀における図書館員の仕事は、人々に適切な方向を指示し、そこでは必要な情報を選び、それだけに集中できるようにし、そしてこれらのことすべてを魅力的な、楽しませさえする方法で行うのである。」（シンガポール3）

A1.42 シンガポールで強調されているのは、新しいサービスを提供するばかりでなく、それを"顧客本位の"方法（シンガポール3）で行うのだということである。

コンテンツを利用可能にすること

A1.43 図書館（特に公共図書館に限らず）の今後の役割は、インフォメーション・プロバイダーというものである。数多くのレポートに、図書館のコンテンツ、すなわち、図書館の図書と他の情報資源を電子的形態で利用可能にすべきだとする勧告が見られる。
「その国の図書館に整理保存されているすべての図書と雑誌を、電子的形態で誰もがアクセスできるようにすることが、力説されねばならない。」（アイスランド）

A1.44 同じく特に公共図書館にだけに限ったことではないが、文化的施設のコレクションを電子的に利用可能とすべきだとする勧告がある。カナダのレポートでは、次のように述べられている。
「コレクションは公費で構築され、保存され、利用に供されてきた。このコレクションが記録として残っていることにより、われわれが文化の多様性とカナダ的な豊富な表現を認めることができるのである。そしてこうしたコレクションのデジタル化によってのみ、カナダの人々が国中のいたる所からアクセスできるということが可能になる。」（カナダ1）

概要

a. このレビューで使用したレポートでは一様に、情報化社会への発展の準備が緊急に必要であるという認識が表明されている。

b. 情報化社会のビジョンは、国を問わず、驚くほど似ている。情報化社会は、生涯学習に基礎を置く必要があるというものである。

c. 克服しなければならない数多くの課題が存在する。きわめて重要なものの一つは情報スーパーハイウェイへのユニバーサル・アクセスの欠如である。

d. そうした課題を克服するために、非常によく似た政策が全世界で展開されようとしている。認識を促し、訓練の仕組みを機能させ、ユニバーサル・アクセスを確保し、必要な情報基盤を構築することに重点を置こうという政策である。

e. 公共図書館は、これらの政策を実施する手段としてだけでなく、効果的な情報化社会に欠かすことのできない重要な構成要素として認識されている。

「21世紀においては、すべての財産と業績の基礎は知識と文化であるだろう。人間の文明に最も貢献する都市は、人々を教育し、組織し、世界中から才能のある人々を引きつけ、現在の知識を活用し、新たな知識を起こし、そしてそれらを賢明に適用することを、最もうまく行えるところである。新しい種類の公共図書館は、そうしたダイナミックな人間の共同社会を生成し維持するにあたって、きわめて重要な役割を演じることになるだろう。」(シンガポール3)

参照文献 (排列は英語による国名順)

オーストラリア

Broadband Services Expert Group (1994). *Networking Australia's Future: Final Report of the Broadband Services Expert Group* (online). http://www.dca.gov.au/pubs/network/toc.htm (accessed 30 June 1997).

カナダ

1. Information Highway Advisory Council Secretariat (1996). *Building the Information Society: Moving Canada into the 21st Century* (online). http://info.ic.gc.ca/info-highway/ih.html (accessed 20 May 1997).
2. Information Highway Advisory Council Secretariat (1995). *Connection, Community, Content: The Challenge of the Information Highway* (online). http://strategis.ic.gc.ca/cgi-bin/dec/wwwfetch?/sgml/ih01037e_pr702.sgml (accessed 16 May 1997).

デンマーク

Ministry of Research (1994). *Info-Society 2000* (online). http://www.fsk.dk/fsk/publ/info2000-uk/ (accessed 21 May 1997).

ヨーロッパ連合

1. Information Society Forum (1996). *Networks for People and their Communities: Making the Most of the Information Society in the European Community* (online). http://www.ispo.cec.be/infoforum/pub.html (accessed 21 May 1997).
2. Bangemann, M., et al. (1994). *Europe and the Global Information Society. Recommendations to the European Council* (online). http://www.ispo.cec.be/infosoc/backg/bangeman.html (accessed 20 May 1997).
3. Pigott, I. (1997). *Green Paper on the Role of Libraries in the Information Society* (online). http://www2.echo.lu/libraries/en/green.html (accessed 23 May 1997).

フィンランド

Finland's Way to the Information Society (1996) (online). http://www.ncb.gov.sg/nii/96scan1/finland.html (accessed 21 May 1997).

ドイツ

1. Council for Research, Technology and Innovation (1995). *The Information Society: Opportunities, Inno-

vations and Challenges. Assessment and Recommendations. Bonn: Ministry of Education, Science, Research and Technology.
2. Federal Ministry of Economics(1996). *Info 2000: Germany's Way to the Information Society* (online). http://www.bmwi-info2000.de/gip/programme/info2000/info2000_e.html(accessed 23 May 1997).

アイスランド
The Icelandic Government's Vision of the Information Society (1997)(online). http://www.stjr.is/framt/vision00.htm(accessed 3 June 1997).

アイルランド
Information Society Steering Committee(1996). *Information Society Ireland: Strategy for Action* (online). Dublin: Department of Enterprise and Employment, Irish Government. http://www.forfas.ie/infosoc.htm (accessed 15 July 1997).

日本
1. Telecommunications Council(1994). *Reforms toward the Intellectually Creative Society of the 21st Century* (online). http://www.mpt.go.jp/Report/Report1993No5/contents.html(accessed 30 June 1997).
2. Ministry of International Trade and Industry(1994). *Program for Advanced Information Infrastructure* (online). http://www.glocom.ac.jp/NEWS/MITI-doc.html(accessed 30 June 1997).

オランダ
Information Superhighway Steering Group(1995). *A Vision for Acceleration: Working Plan for the Information Superhighway* (online). http://www.minez.nl/nota/snelweg/englisch.htm(accessed 23 May 1997).

ノルウェー
Ministry of Transport and Communications(1997). *The Norwegian Way to the Information Society. Bit by Bit: Report from the State Secretary Committee for IT* (online). Oslo: ODIN. http://odin.dep.no/it/it-way/ (accessed 20 May 1997).

シンガポール
1. *IT 2000 - A Vision of an Intelligent Island* (n.d.) (online). http://www.ncb.gov.sg/ncb/vision.asp(accessed 20 May 1997).
2. *The Library 2000 Report* (n.d.)(online). http://www.asianconnect.com.8080/library/gw/lib-12000.pl (accessed 8 July 1997).
3. Yeo, G.(Minister for Information and the Arts)(1996). *Libraries for a Renaissance City* (speech)(online). http://www.gov.sg/mita/speech/speeches/v20n4011.htm(accessed 8 July 1997).

スウェーデン
Swedish IT Commission(1995). *Communication Without Frontiers* (online). http://www.itkommissionen.se/rapporter/rapport1/eindex.htm(accessed 23 May 1997).

タイ

National Information Technology Committee (n.d.). *Social Equity and Prosperity: Thailand IT Policy into the 21st Century* (online). http://www.nitc.go.th/itplan/itplane.html (accessed 21 May 1997).

米国

1. United States Advisory Council on the National Information Structure (1996). *A Nation of Opportunity: Realising the Promise of the Information Superhighway* (online). Washington, DC: National Telecommunications and Information Administration, US Department of Commerce. http://www.benton.org/Library/KickStart/nation.home.html (accessed 20 May 1997).
2. (1994). *Libraries and the NII: Draft for Public Comment* (online). http://ifla.inist.fr/ifla/documents/infopol/us/niilibry.txt (accessed 20 May 1997).
3. United States Advisory Council on the National Information Structure (1996). *KickStart Initiative: Connecting America's Communities to the Information Superhighway* (online). Washington, DC: National Telecommunications and Information Administration, US Department of Commerce. http://www.benton.org/Library/KickStart/kick.home.html (accessed 20 May 1997).

付録2: 図書館利用者に関する定性的調査

この調査の目的

A2.1 現在の図書館利用パターンについて詳細な情報を提供している、相当量の定量的調査が存在する。本報告書の第2章では、利用者のニーズとモチベーションに関する質的な理解を得るために、また新しい技術やネットワークで結ばれた図書館の予想される進展に対する利用者の反応を調べるために実施された調査結果を紹介している。この調査は、本報告書を作成するのに必要な方向づけの材料を用意するものである。

A2.2 主要なターゲット・グループにおける訴えや関与性、そして潜在的影響を調べ、具体的な応用概念が把握され、検証された。フィールドワークは、図書館のサービス領域に対応するように選んだ異なる4カ所で実施された。すなわち、地域の小規模な図書館、大きな中央図書館、都市部の低所得者居住地区の図書館、そして田園地帯の図書館である。使用された方法は、この付録の最後に概略が示されている。

利用者の態度

A2.3 この節では、第2章に提示された主要な調査結果の背景として、標本となった実在の図書館サービスが、どのように認知されているかについて概要を示す。

認知された役割

A2.4 公共図書館は、それぞれの地域コミュニティにおけるかなめ（キーストーン）と考えられており、その役割と目的に関して共通の理解が存在した。図書館は、主として図書を借りる場所と見なされていたが、図書館が提供する特別な空間はとても重視され評価されていることが確認された。利用者が重要だと認知したその他の面には、次のようなものがある。

    a. 情報源
    b. 手助けしてくれる専門スタッフ
    c. 静かに、落ち着いて、"邪魔されずに"学習できる場
    d. 子どもの、図書や読書への興味を発展させる大切な資源
    e. 人々が興味・趣味を深める手助けをしてくれる場
    f. どこに行ったらよいかわからないときに行くところ（特に年配者にあてはまる）
    g. 無料のサービス、すべての人にとっての"安全ネット"

A2.5 図書館が地域の文化と歴史を保存するところとして知られており、人々はこのサービスをその折々に頼りにしてきたが、この機能は後退してしまっている。

イメージ

A2.6 図書館のイメージには、大量の図書の存在が強く影響していたが、図書館から連想されるその他の属性として次のような点があげられた。
  a. 誰でもが使えるという、その"公共的"性質
  b. 人の心を引きつける環境。図書に囲まれているということは重要な要素
  c. 親しみやすく、くつろげる場所。脅かされることがなく安全
  d. 忙しい都市生活から避難できる静かな場所
  e. "かつてそうだったほど退屈でない"。沈黙の原則はもはや強要されない
  f. 手助けしてくれる職員
  g. 特に学生と年老いた人々にとって重要な社交の場所

A2.7 数人の若い回答者は、図書館に"陰気な"印象をもち、他にすることがない時に時間をつぶす人々で一杯になりがちだという見方をしていた。かれらは、図書館がぐずぐずせずに、積極的に売り込み、まずニューメディアを使って、もっと主流になる必要があると考えていた。

利用者満足

A2.8 一般的に、人々の経験はごく近隣の一つ二つの図書館に基づいていたため、概してサービスの質にどれだけ幅があるか気づいていなかった。いっぱいの善意が地元の図書館に向けて表されていた。サービスに対する満足は大方高く、図書館の設定した環境についても同様であった。不満はすべて低いレベルにあり、居心地のよい座席の不足、お粗末なレイアウトや貼り紙、他の図書館から図書を提供する際の遅さ、などが挙げられることが多かった。

主要な関心事

A2.9 公共図書館は、開館時間の制限、小さな図書館の閉鎖、新刊本蔵書の明らかな不足などの兆候によって、しだいに高まる財政的逼迫の下にあると認知されていた。

A2.10 この見方からすれば、一部の人たちには、情報通信技術の導入という構想は非現実的であり、そういったことのための資金調達がかれらにとって大きな問題となっていた。

方法論

A2.11 調査プログラムは2段階で構成された。第1段階においては、その時点での考えを整理し、次いで詳細な面接調査と、鍵となる人々の間でのブレイン・ストーミングを組み合わせ、また先進的な図書館を訪問することによって、基本的な考えをまとめた。未来学者と科学技術者によるワークショップを開催し、また、そこには情報技術の先進的サービスのみならず、教育や言語の領域を専門分野とする人々も含まれた。加えて、図書館情報委員会のメンバー、図書館員、教育、小企業（"コミュニティにおけるビジネス"（Business in the Community［訳注］http://www.bitc.org.uk）を含む）、地方自治体、科学技術者、未来学者を代表し、20人の専門家に助言を求めた。

A2.12 第2段階では、六つの重要な図書館利用者グループにおける小規模な定性的な調査を行った。その図書館利用者グループは、10代半ばの若者（都市部低所得者居住地区の14・15歳）、スクール・リーバー（離学者）、図書館に一般的興味を持つ家族、"生涯学習者"、そして、転職または復職のためにパートタイムで勉学中の成人であった。フィールドワークは、A2.2で述べたところで行った。

A2.13 問題の探求を助けるために刺激を与える材料としてさまざまなものが、グループ調査の中で使用された。それらには、公共図書館ネットワークで提供される可能性のあるアプリケーションを紹介するための"未来の図書館"というビデオ、さまざまなイメージを要約したムードボード、第1段階で確認された主要なテーマを扱ったコンセプト・ボードが含まれた。

A2.14 第1段階は、第2段階と、第2章で提示された結論に情報を提供するために使われた。

付録3: 謝辞

ワーキング・グループ・メンバー

議　長：マシュー・エバンズ　ファーバー・アンド・ファーバー社会長　図書館情報委員会
副議長：メル・コリアー　デ・モントフォート大学教授（1997年7月まで）ドーソン・ホール
　　　　ディングズ社（1997年8月以降）
プロジェクト・リーダー：ジョン・ドーラン　バーミンガム市中央図書館館長

リチャード・ベント　英国大蔵省、現在通商産業省
ロバート・クレイグ　スコットランド図書館情報委員会　委員長
ロルカン・デンプシー　英国図書館情報ネットワーキング事務所長
ジョン・ダイアモンド　ジャーナリスト
ブライアン・フォレット卿　ウォーリック大学長
マーガレット・ヘインズ　図書館情報委員会　主任アドバイザー
グレース・ケンプスター　リーズ市　主任図書館員
リチャード・リブゼイーハワース　ICL社　本部常務取締役
ビル・マックノート　ゲーツヘッド・メトロポリタン・バラ　図書館・芸術ディレクター
ロバート・サビン博士　ブリティッシュ・テルコム　ビジョン・キャンペーン・プロジェクト
リンダ・ターモス　ウェールズ大学アバリストゥイス校情報図書館学系　ウェールズ情報ネッ
　　　　トワーク　ディレクター
ピーター・ウィーナンド　ファラー社

オブザーバー

サリー・ブース（CBE）　文化・メディア・スポーツ省
ネビル・マッケイ　文化・メディア・スポーツ省

その他の参画者

このワーキング・グループは、各章を担当するために小さなグループにわけられた。時間をさいて、最終報告に重要な寄与をしてくれた、次の方々に深甚な謝意を表したい。

ゾーラ・アヘド
クリス・アームストロング　情報品質管理センター
クリス・バット　ロンドン・バラ・オブ・クロイドン　図書館・博物館オフィサー
リー・ブラウンズワード　ペンタゴン・デザイン有限会社
ピーター・ブロウフィ教授　セントラル・ランカシャー大学　図書館・情報管理研究センター長

付録3：謝辞

ボブ・クリスティ　情報技術管理協会
ボブ・クーパー博士　英国教育研究ネットワーク　ディレクター
グラハム・コーニッシュ師　英国図書館
ジョー・クロフツ　ブリティッシュ・テルコム
ガイ・デインズ　図書館協会　専門職務課長
フィリップ・ドブソン　リーズ図書館情報サービス　情報サービス課長
ジェーン・ドラブル　BBC　教育部長
ジョナサン・ドローリ　BBC　デジタルメディア・新学習チャネル課長
ジュディス・エルキン教授　セントラル・イングランド大学　コンピュータ情報学部長
イヤン・エバオール　ウォルソール・メトロポリタン・ディストリクト　公共図書館サービス・マネジャー
レオ・ファブレット　ブロムレイ余暇サービス　図書館運営マネジャー
アン・フィッシャー　図書館情報委員会　ポリシー・アドバイザー
シーラ・フィッシャー　セントラル・ランカシャー大学　図書館・情報管理研究センター主任講師
ブライアン・ガンブルズ　バーミンガム図書館サービス　情報管理・ネットワーキング課長
ビビアン・グリフィスス　バーミンガム市図書館・学習部　副部長
クリス・ハート　ブリティッシュ・テルコム
フランシス・ヘンドリクス　LASER　ディレクター
デービッド・イングリス　英国図書館　デジタル図書館プロジェクト　ディレクター
グラハム・ジェサップ　ウェスト・サセックス・カウンティ　財務部門マネジャー
ヘレン・キルパトリック　ウェスト・サセックス・カウンティ　財務部長
ブライアン・ラング博士　英国図書館長
ナイジェル・マッカーシー　英国図書館　研究イノベーション・センター局長
マーティン・モロイ　ダービイシャー・カウンティ図書館長
ジョン・ネイバー　ブリティッシュ・テルコム
サンディー・ノーマン　図書館協会　情報マネジャー
セアラ・オームズ　英国図書館情報ネットワーキング事務所　研究員
スティーブ・ポロック　BBC　学習支援課長
スー・リーダ　ハートフォードシャー図書館・美術館・情報部　人事課長
デービッド・ルース　EARL　プロジェクト議長
リンダ・サミュエルズ　市場調査・企画コンサルタント
スー・シュライバー　ICL社　ビジネス・アナリスト
ロス・シモン　図書館協会　会長
アンソニー・ティルク　図書館協会　ヤング・学校図書館専門アドバイザー
パール・バレンタイン　北アイルランド北東教育・図書館協議会　主任司書
ロブ・ウィルシジック　コンピュータ・ソフトウェア・アソシエーツ　会長
クリス・ヤップ　ICL社　生涯学習マネジング・コンサルタント

本報告を書き上げるとき、広い範囲の意見を聴いた。ジョン・ドーランたちが多くのグループに持ちか

けたのである。また、計画の特定領域に焦点を当てるために英国のいろいろな地域でフォーカス・グループをつくった。加わってくださった方々に、また価値あるアドバイスをいただいた次の方々に謝意を表したい。

　　　　　　ジョン・ブラグデン　LINC 議長
　　　　　　ウィリアム・ブルムフィールド　ブリティッシュ・テルコム
　　　　　　チャールズ・チャドウィック－ヒーリィ卿（Bart）　インフォメーション・フォー・オール
　　　　　　マーティン・ダッドレイ　ハートフォード・カウンティおよびインフォメーション・フォー・オール
　　　　　　ヒラリー・ハモンド　ノーフォーク・カウンティ図書館　図書館・美術館長　ジェーン・チャ
　　　　　　ーリィ　同主任図書館員　ジョン・クレバー　同主任副館長
　　　　　　ケビン・ハリス　コミュニティ・ディベロップメント基金　情報マネジャー
　　　　　　グラハム・ジョーダン　内閣府中央IT部　ディレクター
　　　　　　ジョン・ルイス　アドミラル・マネジメント・サービス社（北アイルランドのコンピュータ調
　　　　　　　　　　　　　　整プロジェクト委員会について）主任コンサルタント
　　　　　　ダグラス・マッキーン　地方自治体協会
　　　　　　ボブ・マッキー　ソリハル・メトロポリタン・バラ　副事務局長
　　　　　　デービッド・オーエン　マンチェスター市　図書館・シアター　ディレクター
　　　　　　ウルスラ・リッチー　エジュケーション・エクストラ
　　　　　　デービッド・オーエン　ウェストミッドランド行政事務所　リージョナル・ディレクター
　　　　　　ケン・ウォルポール　コメディア

　私は、ワーキング・グループのすべてメンバーに大変感謝している。われわれは、レポートを政府に提出するまでちょうど3カ月という間、共に慌しく過ごしてきた。皆がとてもよく働いたのだ。大変なプレッシャーのもとで、ユーモアのセンスだけでなく、何をしたいかに関して冷静さを保つことができた。それには疑いもなく、公共図書館の領域に求められるビジョンをわれわれは共有しているという事実が役立ったと思う。
　私は、ロイターの編集長のマーク・ウッドにとても感謝している、彼との議論がとても有益だったし、また彼がくれたレポートへの助言もそうだった。
　編集者ボブ・ダベンポートは、全然手の施されていない粗削りのものを上手に扱い、さらにペンタグラムのジョン・マッコネルはそれをボブから引継ぎ、最終報告に整えてくれたのだ。ファーバー・アンド・ファーバー社の私のアシスタント、クレア・レイヒルは、過去3カ月とても大きな追加の仕事に耐えてくれた。心からの感謝を彼女に向けたい。
　最後に、プロジェクト・リーダーのジョン・ドーランである。ジョンは、バーミンガム中央図書館から1997年4月に4カ月間ということできてくれた。もし彼の仕事がなかったならば、このレポートは存在しなかったといっても、ワーキング・グループの誰もが同意してくれるだろう。誰からもよい対応を引き出す、沈着さと知性でこのプロジェクトに対処したのである。彼とワーキング・グループの皆に感謝を贈りたい。

　　　　　　　　　　　　　　　　　　　　　　　　　　　　　　　1997年7月　マシュー・エバンズ

付録4: 付託事項:図書館情報委員会情報技術ワーキング・グループ

ワーキング・グループ全体の目的は、新しい情報通信技術がもたらした課題に英国の公共図書館が効果的に対応していくためにとるべき手立てを政府に報告することである。ワーキング・グループの作業は1997年7月末日以降も継続されるとはいえ、それまでに報告を作成しなければならない。ワーキング・グループが達成すべき重要な要件は、地方公共団体との間の迅速で効果的な話合いや折衝を実現するための実際的な手段の設定である。このグループは、次の問題に取り組む。

i. 公共図書館情報技術ネットワークがどのようなサービスや"コンテンツ"をエンド・ユーザーに提供するか

ii. 公共図書館ネットワークは、図書館間のつながりを改善して、全国の図書館資源の更なる効率的な運用にどのように寄与するか

iii. 公共図書館と、公共・学術・商用セクターにおける他のネットワーク情報資源との間の情報交換のための電子的データ・リンクの意義（JANETのような現存のネットワークや、博物館、美術館への接続の意義や可能性を含む）

iv. 電子情報資源全体に対する遠隔利用者のためのゲートウェイとして、公共図書館ネットワークの果たし得る役割

v. インフォメーション・フォー・オールの成果に基づいた（それによって制約されないが）公共図書館ITネットワークの設計・技術的仕様に関する上記のiからivまでの影響。ワーキング・グループは、多様な財政的・技術的モデルを組み入れ、より柔軟なアプローチを考慮しなければならない

vi. ネットワークのための資金調達と、初期投資の準備、システムの管理およびコンテンツの供給についての、民間セクターや宝くじの役割の可能性

vii. 課金の仕組みと方針

viii. ITシステム供給者や著作権所有者との交渉の処理を含め、ネットワークがどのように構築され運営されるか

ix. 訓練と向上要求とをどのように合致させるか

公共図書館の見直し（Public Library Review）では、特に重要なIT展開が強調されている。ワーキング・グループは、勧告を作成するのにこの点を考慮に入れる必要がある。公共図書館ネットワークと、英国図書館のテキスト・デジタル化計画を含む電子サービスとの関係は、注意深く検討しておく必要があろう。政府のいう、インフォメーション・フォー・オールや『政府ダイレクト』計画の影響や、公共図書館がこれらの先進的計画にどのように貢献するかについても、関連するエージェンシーや部局と検討がなされるべきである。

関係する問題範囲や関心領域の多様性ゆえに、ワーキング・グループは、それ自身が代表の位置を占めようとするものではない。それは特定の仕事や問題にあたる専門家サブグループのアドバイスに基づいたささやかなチームである。

付録5: 用語集

以下のネットワーキング用語の定義は、技術的な厳格さを求めたものではなく、このレポートのねらいを理解するために必要な知識を提供するものである。斜字体の用語はそれ自体用語集の項目である。

ATM→非同期転送モード

eLib　電子時代における高等教育の図書館サービスの領域を拡大し品質を高める実際的な技術や通信の解決策を見出すために*JISC*によって設定された電子図書館計画。

FE: Further education　継続教育

FEFC: Further Education Funding Council　継続教育基金審議会

HE: Higher education　高等教育

HEFC: Higher Education Funding Council　高等教育基金審議会

HTML: Hyper Text Mark-up Language　ハイパーテキスト・マークアップ言語　ウェブ文書を作成するのに使うソフトウェア言語。

HTTP: Hyper Text Transfer Protocol　ハイパーテキスト転送プロトコル　*HTML*文書を*ウェブ・サーバー*と*ブラウザー*の間でやり取りする標準的方式

ICT: Information and communication technology　情報通信技術

ISDN: Integrated Services Digital Network　統合サービス・デジタル網　音声、画像、テキスト、ビデオ、データの広い範囲のアプリケーションのすべてを1本の線で運用する、国際標準の公衆*ネットワーク*

ISP→インターネット・サービス・プロバイダー

JANET→統合学術ネットワーク

JISC: The Joint Information Systems Committee of the Higher Education Funding Council　高等教育基金審議会統合情報システム委員会

LAN→ローカル・エリア・ネットワーク

LIC: Library and Information Commission　図書館情報委員会

NHSネット (NHSnet)　国民医療保険のための英国全体の情報ネットワーク、とりわけ研究の体系的なレビューを報知するのに使われる。

NVQ: National Vocational Qualification　全国職業資格

Ofsted: Office for Standards in Education　教育基準局

OFTEL: Office of Telecommunications　電気通信庁

PFI: Private Finance Initiative　民間資金による特定プロジェクト計画。一定の収益条件で民間セクターの資金により公共セクターのプロジェクトを実施する手法。

SMDS: Switched Multi-megabit Data Service　交換マルチメガビット・データサービス　ベルコア社が開発した、新しい高速度のデータ用公衆ネットワーク・サービスで、電話会社のデータ・ネットワークのために広く使われることが期待されている。

SVQ: Scottish Vocational Qualification　スコットランド職業資格

TECs: Training and Enterprise Councils　職業訓練・企業委員会

イーサネット (Ethernet)　ローカル・エリア・ネットワークのためのケーブル・ベースの通信システムで、コンピュータ間の、一度に1コンピュータ以上の送信は防止される。

インターネット ((The) Internet)　政府、産業、学術、私的な団体によって運用されている、世界的な、ネットワークの相互連結。このインターネットは元来、政府の研究所を連結するためのものであったが、今は何百万人の多様な用途に使われるものに拡張されている。

インターネット・サービス・プロバイダー (Internet service provider (ISPs))　インターネットにアクセスをし、*電子メール*の利用や他のインターネットによるサービス（例えば、ホームショッピング）を利用できるようなサービスを消費者や産業界に提供する会社。ISPはまた、ウェブ・サイトの設計・作成・管理の支援、要員訓練、それに*イントラネット*の管理などのサービスを提供する。

インターフェース (interface)　二つのシステムが接触する境界。インターフェースは他の装置を結びつけるハードウェアであったり、二つのソフトウェア・システム間のやり取りに使う協約であったりする。

イントラネット (intranet)　パスワード管理の会社内部のネットワーク、インターネットの協約やアプリケーションを使う。

ウェブ ((The) Web)　→ワールド・ワイド・ウェブ

ウェブ・サイト (Web site)　ワールド・ワイド・ウェブの処理を行っている*サーバー*としてインターネット上にあるコンピュータ。

ウェブ・サーバー (Web server)　要求に応じてウェブ・ページを送る*ウェブ・サイト*の運営を行うサーバー。

エクストラネット (extranet)　例えば、二つの会社が設計と物品供給の情報を共有することを決定した場合、*イントラネット*を他のネットワークへ接続することによって情報を共有する。その際に形成される*ネットワーク*。

仮想現実 (virtual reality)　コンピュータが作り出す仮想環境、利用者は、データ・グローブや頭部装着コンピュータの画像表示のような特別の周辺機器で、これを操作することができる。

管理ネットワーク・サービス (managed network service)　ネットワークの管理・運営について契約する際に顧客が選ぶサービス。顧客は要求するサービスの品質を契約し、どのように達成するかは供給業者に任せる。

キャッシュ (cache)　高頻度でアクセスされる情報の地域向けのコピーを、ネットワークから検索しなくてもよいように保有するサーバー。特に、この報告書の中でいえばインターネット・サイトへのアクセスをより効率的に管理する方法である。

ゲートウェイ (gateway)　1. 通信ネットワークにおいて、異なる通信協約を使っているネットワークとのインターフェースを備えたネットワーク・ノード、2. 漠然と、ゲートウェ

イの仕事をするように構成されたコンピュータをさす。

公開標準 (open standards) 公に維持されており、単一の営利団体が所有していたり、条件をつけたりせず、容易に利用できる標準で、広く使うことのできるもの。

交換ネットワーク (switched network) メッセージ、回線、パケット交換および管理の装置を使って、どのような利用者も他の利用者につなぐことのできる公衆交換電話ネットワークのような、通信ネットワーク。

交換マルチメガビット・データサービス→SMDS

広帯域 (broadband) 通常は音声の周波数からビデオの周波数まで、広い範囲の周波数を維持できる伝送メディア。

広帯域スウィッチング (broadband switching) ポイント・トゥー・ポイント機能とは対極的な、広帯域ネットワークによってトラフィックをさまざまな場所に向ける機能。

サーバー (server) ネットワーク経由で他のコンピュータにサービスを提供する中央のコンピュータ。最も一般的な例は、ローカル・ディスクを擁して、遠隔利用者がディスク上のファイルを読み書きするサービス要求に対応する、ファイル・サーバーである。

産業のための大学 (University for Industry) 教育に関する新しい政府提案の一つ。「われわれは、産業のための大学について細部をつめた計画を公表しよう。それは人々が現在の仕事のために、あるいは別の仕事に取り掛かるために、技能の向上を支援するのに情報技術を利用するものである。また、官民が協力して活動し、企業が新しい方法で訓練・学習を展開するのも支援するであろう。われわれのねらいは、中小企業や個人に対する廉価なパッケージを、ディスクやCD-ROM、あるいはオンラインで、提供することである。」(デービッド・ブランケット)

情報スーパーハイウェイ (information superhighway) 一群のコンピュータと遠隔通信ネットワークやサービスとを結びつけ形成した、ネットワークのネットワーク。その機能は、適切な技術を用いて、個々の図書館、学校、家庭を、高速度広帯域ネットワークで結びつけ、新しい領域の情報サービスやマルチメディア・サービスを可能にする。

スーパー・ジャネット (SuperJANET) 英国の高等教育と研究を支援する広帯域ネットワークを開発するねらいで、1989年に始められた計画。

スマートカード (smartcard) 情報を蓄積したIC（集積回路）を埋め込んだ、クレジット・カードのようなプラスチック・カード。例えば、電子貨幣をカードに蓄積し、バンキング・システムにおけるトークンとして使える。このねらいは、一枚のスマートカードが、何枚もの紙トークンやチケットを持ち歩くより便利だということである。

全国学習網 (National Grid for Learning) 1997年の労働党の宣言で使われた用語：「インターネットに関しては、われわれは、官民の協力により設定される全国学習網を計画している。それは教員には技能向上のために最新の資料を与え、子どもたちには高品質の教育資料を与えるものである。」

双方向性 (interactive) ネットワーク上の利用者間と利用者とネットワーク・ホストとの間の情報交換を説明する用語。最も見慣れた双方向性の情報交換は、電話である。

ダイアルアップ・サービス (dial-up services) インターネットにコンピュータ接続をするための、電話線あるいはISDNネットワークを使いアクセスするサービス。

帯域幅 (bandwidth) インターネットの接続によってどの程度のデータを送ることができ

るかを記述するのに使う用語、秒当たりのビット数、あるいは通常は、秒当たりのキロビットとか、メガビットで計られる。

電子メール (e-mail) コミュニケーションの電子的手段で、(a) 通常テキストが送り届けられ、(b) 機能としては、情報の送信、蓄積、処理、受信がある、(c) 利用者は指定された条件で通信することができる、(d) メッセージは受取人が要求するまでストレージに保持される。

統合学術ネットワーク (JANET: (Joint Academic Network)) 英国の学術研究機関をつなぐ*ワイド・エリア・ネットワーク*で、学術コミュニティ内だけではなく外部のサービスや外部のコミュニティへの*連結性*を提供している。

統合サービス・デジタル網→ISDN

ドメイン (domain) 世界中のコンピュータの場所を特定化する*インターネット・アドレス*の一部。アドレスは、ドットによって区切られた、一連の名前として記される。次のものは、最上位ドメインで最もよく知られているものである。

　　　　.ac.uk　学術と研究（英国）
　　　　.com　商用（米国）
　　　　.co.uk　会社（英国）
　　　　.edu　教育（米国）
　　　　.gov　公共団体
　　　　.mod　国防省
　　　　.net　ネットワーク資源

ネットワーク (network) 3ないしそれ以上の通信主体の連結。

ハイパーテキスト・リンク (hypertext link) ウェブ・サイトにおいて、関連するコンテントをもつ他のサイトに、通常はアイコン（もしくはシンボル）をクリックすることによって、すぐさま移動する方式。

バースティ (bursty) データの間断のない流れではなく、静止期間の後大きなトラフィックのバーストを伴うような場合、通信ネットワーク上のデータ伝送が「バースティ」であるという。最新のネットワークでは、この型のトラフィックを、効率的かつ費用対効果の高い方式で取り扱うように設計できる。

ビット (bit) 2進数のシステムで0か1の状態の示す、コンピュータによって使われる情報の基本単位。

ビデオ会議 (videoconference) 異なった場所にいる複数の人が、面と向かっているのと同じように音声と映像でコミュニケーションをすることのできる双方向の電子的コミュニケーション・システム。その最も簡単なものが、画像つきの電話である。

非同期転送モード (ATM (Asynchronous Transfer Mode)) 全種類の*マルチメディア・サービス*を高い速度で伝送可能にするATM技術を用いた通信ネットワーク技術。

秒当たりのキロビット (kilobits per second (kb/s)) 毎秒のキロビットで、情報転送速度の単位。

秒当たりのメガビット (megabits per second (Mb/s)) 毎秒百万ビット。情報転送速度の単位で、例えばイーサネットでは10Mb/sである。

ファイアウォール・マシーン (firewall machine) とりわけ*インターネット*接続やダイヤ

ル・イン回線の外部のネットワークへのサービスに使われる、特別のセキュリティ警戒専用のゲートウェイ・マシーン。比較的緩い管理にあるマシーンのクラスターをその背後において保護しようという考え方である。

ブラウザー (browser)　ワールド・ワイド・ウェブから情報へのアクセスに使われるソフトウェア。

マルチキャスティング (multicasting)　ネットワークにおいて、データを同時に、選定した一組の目的地に送信することができる技術。

マルチメディア (multimedia)　映像、音声、音楽、動画、あるいはデータなど、複数形態の情報の処理と統合的表示に関連するもの。

メトロポリタン・エリア・ネットワーク (metropolitan area network)　「*ローカル・エリア・ネットワーク*」を参照

連結性 (connectivity)　相互接続の状態

ローカル・エリア・ネットワーク (local area network (LAN))　(a) 限定された空間的領域の、(b) 特定利用者グループによる、(c) 明確なトポロジーの、(d) 公衆回線交換にはよらない通信の、しかも他のネットワークとつながる、データ通信システム。LANは、通常は、例えば部屋とか、建物、船、航空機などの比較的狭い範囲に限定されている。これは公衆通信に関する規制には則ってはいない。市域を越えたLANの連結は、通常はメトロポリタン・エリア・ネットワーク (metropolitan area network (MAN)) と呼ばれる。全国のような地理的に大きなエリアを越えるLANの連結は普通ワイド・エリア・ネットワーク (wide area network (WAN)) という。

ワイド・エリア・ネットワーク (wide area network)　「*ローカル・エリア・ネットワーク*」を参照

ワールド・ワイド・ウェブ (World Wide Web (WWW))　ウェブとしても知られている。これはインターネット上のハイパーテキストによる*HTML*文書のすべてにつけられた一般的な名称である。これらの文書は、相互に連結しており、*HTTP*あるいはウェブ・サーバーからアクセスできる。WWWはネットワークの普及に最も貢献したアプリケーションである。

"魂の薬箪笥"（テーベの図書館の扉銘）　図書館についての引用

「私は、学校の教育で基礎的なことを学んだが、それで十分ではなかった。私の本当の教育、つまり、思想や、細かな事実や、本当の体系を、公共図書館で得た。家族から本を買ってもらえない貧乏な子どもにとって、図書館は、驚きと偉業の世界への入り口である。私は自分がそのドアから突入し、最大限図書館を利用するという才知を持っていたことを本当にありがたいと思っている。」（アイザック・アシモフ）

「もし、私の外での仕事の多くが図書館と関わっていることに気づかれているなら、それにはしごくもっともなわけがあるのですと申し上げたい。学校や大学において得られたのと同じくらい大切な、私の教育の好ましい部分は、図書館で得られたのです。」（アービング・ストーン）

「私の父母はロシアからの移民で、読み書きができませんでした。子どもの頃私がある建物に出かけていって、いろんな種類の本を見つけてくるのに、父母はいつも驚いていました。ここアメリカでできる知識へのアクセスということは、彼らには信じられなかったのです。そして、それが無料だなんて信じられなかったのです。」（カーク・ダグラス）

「暴力、アルコール、薬物使用、犯罪、精神異常、政治の堕落、役立たない社会事業機関などがしだいに避けられないものだと受け入れられてしまい、地域の生活を支えているものが壊れていく情景が増えている。コンピュータと通信技術はしばしば、近代を救うものとしてあがめられているが、"コンピュータ革命"の恩恵が平等には配分されていないし、通信技術が活用できないために、社会的経済的な階層の格差は大きくなっている。」（D.シュルダー『コミュニティ・ネットワーク』1994）

「図書館員はほとんどの場合役立ってくれる。そして彼らは途方もなく博識なのだ。彼らの技能は多分とても過小評価されており、能力以下のことにしか携わっていないのだろう。」（チャールズ・メダワー）

「電子メールをやりとりしている英国の下院議員は、1％以下である。昨年11月の時点で、米国議会の80％の議員がウェブ・ページを持っている。」（『スレート』1997）

「ときどき政治がなつかしくなる。実際、人々の問題解決を支援するために、ローハンプトンの図書館で日曜日の午後座っていたことがなつかしくなるのである。」（デービッド・メラー、1997）

「図書館はわれわれに力を与える。その結果仕事にありつき、自由に振舞うことができるのだ。」（"生活の設計"『マニック・ストリート・プリーチャーズ』）

公共図書館員が尋ねられる質問

・スモール・ロッタリーのライセンスはどこでとれるのか。
・ヨーロッパ指令93/68/EECは、どんなことですか。
・ティギィウィンクルさんはなんで亡くなられたのですか。
・スコットランドの下院議員と欧州議会議員のリストがほしいのですが。
・結合運動障害ってなんですか。
・チンギス・ハーンってどんなふうだったのです（そっくりさんエージェンシーから）。
・医療倫理委員会について知りたいのですが。
・いろいろな宗教の、人々の食餌に関する要件を知りたいと思っているのですが。
・リャドをベースとするヒート・テクノロジーという会社の情報が必要なのですが。
・エディンバラのカフェとレストランについてインターネットから情報がとれないかと思うのですが。
・地元のイェシーバのコミュニティを紹介してもらえないですか。
・地元の学校に関する、教育基準局の報告書を見たいのですが。
・アジェンダ21の進捗について情報をください。
・ソロプチミストの歴史について知りたいのです。
・地域の、すべての婦人団体のリストをください。
・離婚と別居についてのリーフレットがありますか。
・私の息子が写真講座の情報を欲しいのですが。
・地元の醸造業者、ジョン・バラスの古い写真はありますか。
・新しい保健大臣の名前はなんといいますか。
・地元の学校の通学輸送について、落札した業者のリストをください。
・労働時間指令の情報がほしいんだが。
・建設産業の現在の給与体系をいただけませんか。
・Makatonという名前のコミュニケーションのシステムについて知りたいんですが。
・イタリーのパルマについての観光情報がありますか。
・ゲーツヘッド地区に電気が通ったのいつですか。
・WWWにアガサ・クリスティーのサイトはありますか。
・趾骨って、体のどの部分なのですか。
・ヒンデンブルグ・クラッシュというのは、いつどこで起きたのですか。
・旗を揚げる方法にきまりはあるのですか。
・子どものためのこの地域の演劇学校について詳しいことがわかりますか。
・テナンツ・インセンティブ計画についての情報をさがしていただけますか。
・だれが走り幅跳びの記録をもっているの。
・イートン・スクールの記事を『デイリー・テレグラフ』紙から探しているんですが。
・1995年10月13日の、BTの株価を教えていただけますか。

　　子問う「あなたは私が読書の人だと思いますか。」
　　子貢が答える「もちろんですとも。そうではないのですか。」
　　子曰く「全く違います。私はただほかのこととのつながりをつかんでいるにすぎないのです。」

訳者あとがき

　この報告書がウェブ上に搭載されて間もなく、これに遭遇した。同じ英国の図書館政策文書である学術図書館に向けたフォレット・レポートに出会ったときよりも、強い印象が残った。壮大で実行性の高い内容のせいだと思う。しかし、対象は私の主たる関心事から少しずれていたので、しばらくの間、本報告書から遠ざかっていた。

　その後、石山洋氏（前東海大学教授）から日本の大規模館の公共図書館に関わるOPACの調査の話があった。そこで、いくつかの県立図書館や政令指定都市の図書館に訪問し、その実情の調査を開始した。多くの訪問先では計算機製造会社の提供するOPACパッケージが同じように運用されていた。しかし、それらはいささか旧態のシステムで、ネットワークを活用し、新しい情報サービスを地域に展開に広げていこうという計画は、残念ながらほとんどなかった。このことを契機に、なぜ、わが国の公共図書館には、発展的なポリシーが設定しにくいのだろうと考えるようになった。そんな思いをめぐらしていたとき、この報告書を想起することになった。

　2000年度から、私の勤務先である図書館情報大学の大学院が改組になり、情報メディア研究科という名称のもと博士課程が設置された。そして、その第1期生として私のゼミナールに2人の社会人の学生が、また前期課程にも同じように社会人の新入生がやってくることになった。学生とはいえ、彼らは私が図書館現場にいたころの同僚や友人で、彼らを歓迎し、また再び学生生活を始めるための準備として、本書を学期前の2月頃から、事前課題としてこれを読んでもらうことにした。その結果、皆が本報告書の面白さと重要さを確認し、何らかの形で紹介したほうがよいということになった。一時は、ウェブ・サイトにこの翻訳を搭載しようと話し合ったが、ウェブ・サイトでの公表ではあまりきちんとは読んでもらえず、不十分だとして、印刷体で出版する方途を選んだ。

　私が5月に英国に出かけたとき、ラッセル・スクエアに近い図書館情報委員会市民のネットワーク開発チームに立ち寄り、ヘレン・バイジェント氏から本報告書の背景をうかがうとともに、翻訳の話を持ち出した。先方でもこの翻訳に興味をいだき、そのような話になったときの対応を約束してくれた。帰国後、状況がととのったところで、翻訳の話を改めて依頼したところ、責任者のネビル・マッケイ氏から了解の返答がきた。他方、出版企画を、日本図書館協会の出版委員会に出し、承認された。

　本書は多くの方々のご好意によって刊行にいたったが、まずは、翻訳を快諾してくれた、図書館情報委員会（現美術館・博物館・図書館委員会）と市民のネットワーク・プロジェクト関係者、また、出版機会を与えてくれた日本図書館協会出版委員会にお礼を申し上げたい。また、このきっかけを与えてくれたことになる石山洋氏、石井昭氏（現株式会社ブックワン）、小澤嘉謹氏（TRC図書館流通センター）には、OPAC調査の派生物であると報告

ておこう。また、編集でさまざまに支援してくださった、日本図書館協会の内池有里さんには、大変お世話になった。末尾ではあるが、記して謝意を表する。

　21世紀の前日

永田治樹

翻訳者紹介

永田治樹	（ながた　はるき）	図書館情報大学図書館情報学部教授
小林真理	（こばやし　まり）	立教大学図書館司書
佐藤義則	（さとう　よしのり）	山形県立米沢女子短期大学助教授
増田　元	（ますだ　はじめ）	東京大学大学院農学生命科学研究科助手

索引

[欧文]

ATM　61, 62, 64

BAILER　45
Bristol Education Online Network　40

Chartered Institute of Public Finance and Accountancy: CIPFA　38, 50, 87
computeracy　26
Cyberskill Association　72

eLib　40

fair dealing　79
FEFC　66

government.direct　20, 27, 95

HEFC　66

Investers in People　46
ISDN　49, 51, 61, 62
ISP　55, 58
IT for All　22

JANET (Joint Academic Network)　55, 56, 57, 59
JISC　28, 40, 79, 89, 96

LAN　49, 62, 64
library authority　39, 41, 44, 45, 47, 49, 50, 51, 53, 54, 55, 56, 60, 61, 62, 66, 69, 72, 73, 74, 87, 91, 92, 94, 96
LIC　60, 93, 96, 112

National Agency for Resource Discovery　28
National Grid for Learning　13, 16, 19, 48, 53, 55, 57, 69
National Learning Network　17
NHSnet　40, 57, 60
NVQ　45

OFTEL　56

People's University　18
PFI (Private Finance Initiatives)　68, 69, 71, 72, 75
Publishers Association　79, 83

Scottish Cultural Resources Access Network: SCRAN　80
SMDS　61, 62, 63, 64, 65
SuperJANET　54, 55, 60, 65
SVQ　45

Training and Enterprise Councils: TECs　22, 46, 70

University for Industry　13, 16, 22, 24, 53, 57

World Intellectual Property Organization: WIPO　79

[あ行]

アクセスポイント　31, 53, 55, 104, 105, 106
移動図書館　3, 48, 53
インターネット　52, 53, 54, 55, 58, 61, 65, 67, 73
インターネット・アクセス　27, 39, 54, 57, 58, 64, 65, 97
インターネット・サービス・プロバイダー（ISP）　55, 58
イントラネット　62, 64, 65, 85
英国企画協会検査証　46
英国公共図書館ネットワーク　14, 15, 16, 19, 20, 21, 22, 26, 38, 39, 41, 42, 44, 50, 51, 54, 56, 57, 60, 66, 69, 75, 76, 78, 79, 81, 91, 94, 95, 96, 99
英国コンピュータ協会　45
英国情報図書館学教育・研究者協会（BAILER）　45
英国図書館　28, 96
英国図書館協会　45
エクストラネット　65
エスニック・グループ　59
遠隔学習　18, 44, 49, 51
エンド・ユーザー　58, 85, 88, 90
オーディオ会議　61

129

[か行]

価格ポリシー　43
課金　37, 43, 53, 59, 67, 71, 72, 73, 74, 75, 76, 77, 80, 81
カスケード方式　44, 46, 94
カスタマー・ケア　32, 38
仮想現実　33, 36, 58
学校へのリンク　31, 33
管理ネットワーク　51, 56, 58, 62, 67, 73
行政データ・ネットワーク　59
金額に見合う価値　→　バリュー・フォー・マネー
訓練計画　38, 40, 41, 42, 44, 45, 46, 68, 94, 97, 105
経済的繁栄　15, 95
継続教育基金審議会（FEFC）　66
ゲイツ図書館基金　39
ゲートウェイ　19, 42, 43, 64, 68, 73, 85
広域交換網　55
交換マルチメガビット・データサービス（SMDS）　61, 62, 63, 64, 65
公共図書館ネットワーク　68, 95, 97
公共図書館ネットワーク機構　14, 44, 45, 46, 55, 68, 72, 81, 84, 91, 92, 93, 94, 95, 96, 97
公正使用　79
公貸権　82, 83
高等教育基金審議会（HEFC）　66
高等教育基金審議会統合情報システム委員会（JISC）　28, 40, 79, 89, 96
公認公共財務会計協会（CIPFA）　38, 50, 87
国際アクセス　59
国民医療保険（NHS）　40
国民の投資家　46
国立電子図書館　16, 26, 28, 55
国立図書館　26, 28, 44
コネクションレス　62, 63
コミュニケーション・スキル　35, 38
コミュニティ意識　24
コミュニティ史　25, 28
コミュニティ情報　53, 69
コミュニティ情報サービス　67
コンソーシアム　27, 28, 42, 51, 68, 71, 72, 73, 93, 97
コンテンツ　10, 15, 19, 20, 22, 24, 27, 28, 38, 48, 53, 54, 56, 57, 59, 61, 66, 67, 68, 69, 76, 77, 78, 79, 80, 81, 84, 91, 92, 93, 95, 97, 100, 107
コンテンツ管理機構　78, 80, 84, 85, 86
コンピュータ技能　35
コンピュータ・リテラシー　26

[さ行]

最善実践例　→　ベスト・プラクティス
サイバースキル協会　72
サービス水準　58, 60, 67, 76, 88
サービス・ビジョン　30
サービスポイント　3, 49
サブジェクト・ゲートウェイ　28
産業のための大学　13, 16, 22, 24, 53, 57
資源発見のための全国組織　28
市民の大学　18
自由学習　18, 34
宿題クラブ　13, 31, 33, 53
出版者協会　79, 83
生涯学習　13, 15, 16, 19, 30, 32, 34, 56, 92, 95, 100, 101, 107
生涯学習者　30, 91, 113
生涯学習社会　101, 105
障害者　59
情報化社会　12, 14, 15, 18, 27, 52, 76, 99, 100, 101, 102, 103, 104, 105, 106, 107
情報キオスク　53
情報スーパーハイウェイ　12, 18, 70, 71, 100, 101, 102, 103, 105, 106, 107
情報に関する市民の権利　30
情報貧者　76
職業訓練・企業委員会（TECs）　22, 46, 70
スクリーニング　43
スクール・リーバー（離学者）　30, 31, 34, 35, 113
スコットランド職業資格（SVQ）　45
スコットランド文化資源アクセス・ネットワーク（SCRAN）　80
"すべての人に情報技術を"計画　22
スマートカード　17, 42, 43, 74
成人教育センター　59
『政府ダイレクト』　20, 27, 95
世界知的所有権機関（WIPO）　79
セキュリティ　36, 42, 52, 64, 73, 80, 82
全国一括購入　55
全国学習ネットワーク　17
全国学習網　13, 16, 19, 48, 53, 55, 57, 69
全国職業資格認定資格（NVQ）　45
洗練された社会　15, 91, 95

[た行]

宝くじ資金　67, 70
知識センター　31, 35

知識ネットワーク　70
知的エージェント　59
知的財産権　22, 71
知的財産権法　43
地方史　24, 25, 35
地方自治体へのリンク　35
中央調整メカニズム　91, 92, 95
中央調達　55
著作権　52, 56, 72, 79, 80, 81, 82, 85, 86, 103, 105
著作権者　78, 79, 80, 81, 82, 83, 85
著作権使用料　81, 82
著作権法　43, 78, 79, 80, 81, 82
著作物　85
テクノ恐怖症　33, 34, 37
電気通信庁（OFTEL）　56
電子雑誌　19
電子投票　20, 21
電子図書館　40, 87, 88, 89, 90
統合デジタル・ネットワーク・サービス（ISDN）　49, 51, 61, 62
図書館カード　67, 74
図書館行政体　39, 41, 44, 45, 47, 49, 50, 51, 53, 54, 55, 56, 60, 61, 62, 66, 69, 72, 73, 74, 87, 91, 92, 94, 96
図書館行政体ネットワーク　50, 51, 53, 54, 67, 73
図書館情報委員会（LIC）　60, 93, 96, 112

[な行]

ナショナル・ライセンス　56
ネットワーク社会　19

[は行]

バックボーン　68, 73, 95, 97
パフォーマンス指標　43, 44, 45, 88, 89, 90
バリュー・フォー・マネー　44, 45, 69, 74, 75, 87
ビジョン　92
ビデオ会議　33, 46, 51, 58, 59, 61, 62
ビデオ会議リンク　35
ビデオ・リンク　21
非同期転送モード（ATM）　61, 62, 64

平等なアクセス　76
フィルタ機能　57
付加価値サービス　59, 67, 71, 76
複製物　79
プライバシー　52, 85
ブリストル教育オンライン・ネットワーク　40
ブリストル・パイロット・プロジェクト　46
文化・メディア・スポーツ省　60, 96, 97
ベスト・プラクティス　28, 58, 71, 72, 77, 89
ベンチマーキング　89

[ま行]

マーケティング　26, 32, 42, 43, 57
マルチキャスティング　58, 62
マルチメディア　16, 19, 25, 51, 53, 56
ミラーリング　57
民間活力導入施策　→　PFI
無料アクセス　76
メッセージ交換ネットワーク　59

[や行]

ユニバーサル・アクセス　26, 56, 57, 103, 107
ヨーロッパ連合指令　86

[ら行]

ライセンス　68, 78, 79, 81, 82, 83, 84, 85
リテラシー　35, 76
リテラシー・スキル　31
リモート・アクセス　31, 34
ルック・アンド・フィール　57, 72
ローカル・エリア・ネットワーク（LAN）　49, 62, 64
ローカル・ネットワーク　42

[わ行]

ワイド・エリア・ネットワーク　42, 57, 62
WIPO実演・レコード条約　79
WIPO著作権条約　79
ワールド・ワイド・ウェブ（WWW）　19, 57, 58